# Parole che fanno la differenza

*Una guida pratica per migliorare il lessico, la dialettica e comunicare con efficacia*

*Eraldo Natta*

# © Copyright 2023 di Eraldo Natta - Tutti i diritti riservati.

# Indice


**INTRODUZIONE**    **7**

**L'ABC del Vocabolario**    **9**

Un modo nuovo di comunicare    9

I benefici di un vocabolario ricco    11

I limiti di un vocabolario povero    15

**L'importanza del vocabolario**    **18**

Le parole non cambiano il modo in cui si vive    18

     *Lo scarabeo di Wittgenstein*    *19*

Le parole cambiano la gamma di cose a cui si può pensare    19

Perché vale la pena conservare le vecchie foto    20

**Come migliorare il proprio lessico**    **22**

I diversi tipi di vocabolario    23

     *1. Leggere con un dizionario*    *24*

     *2. Costruire un dizionario personale e fare pratica*    *25*

     *3. Studiare le lingue indoeuropee (specie il latino)*    *26*

     *4. Conoscere alcune radici e l'etimologia*    *27*

**Espressioni da eliminare dal proprio parlato**    **30**

     *Letteralmente*    *31*

     *Top*    *32*

     *Nel senso...*    *33*

     *Anche no*    *34*

     *Tipo Come...*    *35*

Perché dovreste preoccuparvi di più delle vostre parole    36

**Parole che contano**    **37**

L'arte di scegliere le parole giuste    38

     *Accorgimenti per arricchire il nostro lessico*    *39*

     *Giochi ed esercizi per migliorare nella scelta delle parole*    *41*

Come evitare l'uso di parole vaghe    44

Parole chiave per stimolare una buona conversazione    45

Parole potenti e il loro impatto sulla psiche    46

**Migliorare la tua capacità di conversazione** … **49**

L'importanza di ascoltare attentamente … 50

Come rispondere alle domande … 56

Come approfondire la conversazione … 58

Come utilizzare l'umorismo e la narrativa … 61

**Gestione dell'ansia e dello stress nella comunicazione** … **65**

L'importanza di gestire ansia e stress … 66

Le cause dell'ansia e dello stress comunicativo … 68

*Paure e insicurezze personali* … 69

*Aspettative e pressioni sociali* … 69

*Esperienze passate* … 70

Strategie ed esercizi efficaci per vincere ansia e stress … 70

*Esercizio #1: Visualizzazione guidata* … 73

*Esercizio #2: Pratica della gratitudine* … 74

*Esercizio #3: Role-play* … 75

*Esercizio #4: Tecnica del 5-4-3-2-1* … 75

*Esercizio #5: Affrontare le critiche interiori* … 76

**Public Speaking** … **78**

Le basi del Public Speaking … 79

Le regole essenziali … 80

*Conoscere e conquistare il proprio pubblico* … 80

*La struttura di un discorso vincente* … 81

*Trasformare la paura in energia* … 81

*Tecniche di oratoria* … 82

*Il potere dell'umorismo e della narrativa* … 83

*Gestire le domande e le obiezioni* … 83

Come prepararsi per parlare in pubblico … 84

Tre consigli per migliorare il tuo Public Speaking … 87

*1. Attenersi a ciò che si conosce* … 88

*2. Presentarsi con umiltà* … 88

*3. Comunicare in modo naturale* … 89

**Conclusione** … **91**

# INTRODUZIONE

Hai mai avuto difficoltà a esprimere le tue idee in modo chiaro e convincente? Hai mai sentito di non avere le parole giuste per trasmettere le tue emozioni? O forse hai trovato difficoltà a partecipare a una conversazione, sentendoti sopraffatto o impacciato?

Se hai risposto sì a una o più di queste domande, sappi che non sei solo. Molte persone si sentono limitate dal loro vocabolario o hanno difficoltà a conversare in modo efficace. Questo può essere particolarmente sconfortante quando si cerca di fare una buona impressione in un colloquio di lavoro, durante una presentazione in pubblico o anche semplicemente nel corso di una conversazione informale con amici o familiari.

Un vecchio adagio ci ricorda che *"le parole sono importanti"*, e questa affermazione non potrebbe essere più vera quando si tratta di comunicare in modo efficace. Tutti noi, almeno una volta nella vita, abbiamo sperimentato situazioni di difficoltà nel trovare le parole giuste per esprimere ciò che stavamo pensando o percependo a livello emotivo. Si tratta di un'esperienza frustrante che, nel lungo termine, può minare la nostra autostima, farci sentire insicuri e poco compresi. Ma non preoccuparti, c'è una soluzione.

Espandere il vocabolario e migliorare la tua capacità di conversazione può essere la chiave per sbloccare il tuo potenziale e connetterti con il mondo che ti circonda in modo più significativo. E questo è esattamente ciò che questo libro ti permetterà di fare.

Nelle pagine che seguiranno, verrai guidato attraverso un processo pratico e completo per migliorare il tuo vocabolario e portare la tua capacità di conversazione ad un nuovo livello. Attraverso l'uso di strategie efficaci e tecniche comprovate, ti aiuterò a sviluppare la fiducia e la capacità di comunicare in modo chiaro, persuasivo e coinvolgente.

Non ci sono dubbi che il miglioramento della tua capacità comunicativa richieda tempo e dedizione, ma credo fermamente che i benefici che otterrai ne varranno la pena. Una migliore capacità comunicativa può migliorare la tua vita professionale, aumentare la tua autostima, renderti un partner più interessante e un amico più comprensivo.

Detto questo, il mio consiglio è quello di non esitare ad iniziare il tuo viaggio verso una capacità sociale più significativa. Sono qui per aiutarti in questo percorso, pronto a condividere con te le mie conoscenze e tecniche, fornendoti un supporto costante durante l'intero processo. Non mi resta che augurarti un buon viaggio (letterario) e, per dirlo con le parole dell'autore e aforista Fabrizio Caramagna: *"La nostra epoca ha inventato così tanti modi di comunicazione che si è dimenticata che cosa comunicare."*


Buona lettura,

Eraldo Natta

# L'ABC del Vocabolario

*Ah, le parole!* Sono le pietre angolari della comunicazione, i mattoni con cui costruiamo i nostri pensieri. Un vocabolario nutrito non solo ci permette di esprimerci con chiarezza e precisione, ma è anche una forma d'arte in sé, una danza di suoni e significati che può deliziare il nostro interlocutore e farci apparire perspicaci e interessanti. O, almeno, questa è l'idea. In questo capitolo, esploreremo l'importanza di avere un vocabolario ricco e variegato, e vedremo come l'uso di parole diverse e interessanti possa migliorare la nostra comunicazione. Perché, come diceva il filosofo Confucio: *"Senza un vocabolario nutrito, la vita sarebbe un'eterna serie di 'Ehm', 'Cioè', e 'Sai, quella cosa lì'"*.

## Un modo nuovo di comunicare

Cominciamo con un esempio di vita reale. Immaginate due persone che si incontrano per la prima volta e cercano di descrivere il tempo. La prima persona, con un vocabolario limitato, potrebbe dire: "Fa freddo oggi, vero?" La seconda persona, invece, potrebbe esclamare: "Sì, l'aria è frizzante e rigida come il filo di una lama affilata, che si insinua attraverso le maglie dei nostri vestiti fino a farci rabbrividire". La differenza è evidente, no?

Un vocabolario nutrito non solo ci permette di esprimere concetti complessi e sfumature di significato, ma rende anche le nostre conversazioni più interessanti e coinvolgenti. Chi preferireste ascoltare: la persona che descrive un film come "bello" o quella che lo definisce "un'opera avvincente e visivamente stupefacente, con una trama intricata e personaggi memorabili"? Ecco un altro esempio di conversazione tra due amici:

- Amico 1: *"Ehi, hai visto quel film con quella persona famosa che fa quella cosa?"*

- Amico 2: *"Ah, sì, quello con la trama un po' così e quel colpo di scena alla fine?"*

- Amico 1: *"Esatto! Mi è piaciuto molto."*

Ora immaginate la stessa conversazione tra due persone con un vocabolario più ampio:

- Amico 1: *"Hai visto 'Il labirinto del silenzio', con la straordinaria performance di Juliette Binoche e la regia magistrale di François Ozon?"*

- Amico 2: *"Sì, l'ho trovato un film avvincente e toccante, con una narrazione densa di suspense e una profonda introspezione sui dilemmi morali dei personaggi."*

- Amico 1: *"Concordo pienamente. È un capolavoro del cinema contemporaneo."*

*Non c'è paragone, vero?* Un vocabolario nutrito può trasformare una chiacchierata banale in un'esperienza ricca, culturale ed educativa. Ma non solo. Un vocabolario nutrito riguarda anche la capacità di scegliere le parole giuste al momento giusto, per esprimere le proprie idee in modo chiaro ed efficace. In altre parole, si tratta di saper usare la giusta sfumatura di significato e il tono appropriato per trasmettere il nostro messaggio.

Prendiamo, ad esempio, la parola "bello". È un termine ampiamente utilizzato per descrivere qualcosa di piacevole, ma è anche piuttosto generico e poco evocativo. Se stiamo parlando di un tramonto, potremmo dire che è "incantevole" o "mozzafiato"; se ci riferiamo a un piatto di pasta, potremmo definirlo "succulento" o "appetitoso". Questi aggettivi non solo sono più specifici, ma danno anche vita alla nostra descrizione, rendendo la conversazione più vivida e interessante. E poi c'è l'umorismo! Un vocabolario nutrito ci consente di giocare con le parole, creando doppi sensi, battute e giochi di parole che possono far sorridere e divertire il nostro interlocutore. Prendiamo, ad esempio, questa barzelletta classica: *Perché i pesci hanno le spine? Perché nel mare c'è la corrente.*

In questo caso, il gioco di parole tra "spine" e "corrente" è ciò che rende la battuta divertente (o almeno così dicono gli appassionati di barzellette). Senza un vocabolario nutrito, saremmo costretti a ripetere le stesse vecchie battute o, peggio ancora, a basare il nostro umorismo su un repertorio piuttosto limitato di parole e concetti.

## I benefici di un vocabolario ricco

In un mondo in continua evoluzione e con un panorama linguistico sempre più ricco, l'importanza di possedere un vocabolario ampio e ben sviluppato è fondamentale. L'abilità di esprimersi in modo chiaro e preciso è un'arma vincente nella comunicazione quotidiana, sia personale che professionale. Nelle prossime righe, esploreremo i vari vantaggi di un vocabolario ampio e come esso possa migliorare la nostra vita in molti aspetti.

- **Migliorare la comprensione del contesto e delle sfumature:** Un vocabolario ampio consente di comprendere meglio il contesto in cui le parole vengono utilizzate. Questo permette di cogliere le sfumature e i significati nascosti che possono essere fondamentali per interpretare correttamente le intenzioni di chi parla o scrive. Inoltre, un vocabolario più ricco facilita l'interpretazione di testi complessi o tecnici, favorendo la comprensione di argomenti nuovi e stimolanti.

- **Aumentare l'efficacia nella comunicazione:** Con un vocabolario ricco ed esteso, è possibile esprimersi in modo più preciso ed efficace, scegliendo le parole più appropriate per trasmettere i propri pensieri e le proprie emozioni. Questo aiuta a evitare incomprensioni e malintesi, facilitando la comunicazione con gli altri e rendendo le conversazioni più fluide e piacevoli.

- **Arricchire l'espressione creativa:** Che si tratti di scrivere un racconto, una poesia o un articolo, una buona proprietà lessicale offre una vasta gamma di parole e frasi che possono essere utilizzate per creare testi ricchi di immagini e atmosfere. L'abilità di giocare con le parole e di utilizzarle in modo creativo è un aspetto fondamentale nella scrittura e nell'arte in generale.

- **Favorire la crescita personale e professionale:** Disporre di un vocabolario ampio può essere un vantaggio competitivo nel mondo del lavoro. Le persone in grado di esprimersi in modo chiaro e persuasivo sono spesso percepite come più competenti e sicure di sé, il che può portare a maggiori opportunità di carriera e successo professionale. Inoltre, un vocabolario ricco favorisce la crescita personale, poiché stimola la curiosità e l'apprendimento continuo.

- **Facilitare l'apprendimento di nuove lingue:** Avere un vocabolario ampio nella propria lingua madre facilita l'apprendimento di nuove lingue, poiché consente di riconoscere facilmente parole simili o con radici comuni. Questo rende più rapido e piacevole il processo di apprendimento e permette di comunicare con persone di culture diverse, ampliando i propri orizzonti.

- **Aumentare l'autostima e la fiducia in sè stessi:** Infine, un vocabolario ampio può contribuire ad aumentare l'autostima e la fiducia in se stessi. Quando si è in grado di esprimersi con chiarezza e precisione, si sente un senso di sicurezza e di padronanza nella comunicazione con gli altri. Questo, a sua volta, migliora l'autostima e la fiducia nelle proprie abilità, permettendo di affrontare con maggiore serenità le sfide quotidiane e di interagire con gli altri in modo più efficace.

I benefici di una buona proprietà lessicale si manifestano in molteplici situazioni della vita quotidiana. Esaminiamo in modo più esteso ed approfondito alcuni esempi di vita reale e conversazioni realistiche in cui un vocabolario nutrito può fare la differenza.


**Esempio 1: Presentazione in ambito lavorativo**

Immaginate di dover presentare un progetto importante di fronte ai vostri colleghi e superiori. Un vocabolario ampio vi permetterà di descrivere in modo accurato e convincente il vostro lavoro, dimostrando la vostra competenza e conoscenza dell'argomento. Inoltre, un linguaggio ricco e vario catturerà l'attenzione dell'uditorio, rendendo la presentazione più coinvolgente e memorabile.

## Esempio 2: Conversazione tra amici

Supponiamo che stiate parlando con un gruppo di amici di un libro appena letto. Avendo un vocabolario ampio, sarete in grado di esprimere con precisione le vostre opinioni e di descrivere con chiarezza i personaggi e la trama. Inoltre, potrete utilizzare parole e frasi evocative per creare immagini vivide e coinvolgenti nella mente dei vostri interlocutori.

## Esempio 3: Risolvere conflitti

In una situazione di conflitto o di tensione, sia in ambito lavorativo che personale, disporre di un vocabolario ampio e adeguato può essere cruciale per la risoluzione della situazione. Essere in grado di esprimere i propri sentimenti, le proprie preoccupazioni e le proprie aspettative in modo chiaro e preciso può aiutare a prevenire ulteriori incomprensioni e a facilitare il dialogo tra le parti coinvolte. Un linguaggio appropriato e misurato contribuirà a mantenere un clima di rispetto e di apertura al confronto, favorendo la ricerca di soluzioni condivise e la riconciliazione.

## Esempio 4: Negoziazione e persuasione

Un vocabolario ampio è particolarmente utile nelle situazioni in cui è necessario negoziare o persuadere qualcuno. Ad esempio, se si sta cercando di vendere un prodotto o un servizio a un potenziale cliente, un linguaggio accurato e persuasivo può fare la differenza tra il successo e il fallimento della trattativa. Un vocabolario ricco consente di descrivere in modo efficace le caratteristiche e i vantaggi del prodotto, di rispondere alle obiezioni del cliente e di costruire argomentazioni convincenti a sostegno della propria offerta.

# I limiti di un vocabolario povero

In un mondo in cui la comunicazione è diventata un elemento cruciale nella nostra vita quotidiana, avere un vocabolario limitato può metterci in una posizione... beh, *piuttosto limitante.* Dopo aver esplorato i benefici di una buona proprietà comunicativa, diamo ora un occhiata alle varie situazioni in cui un vocabolario povero può ostacolare le tue opportunità e, con un pizzico di umorismo, capiremo perché sia importante ampliare il nostro lessico.

## Colloqui di lavoro: l'arte del balbettare

Immagina di sederti di fronte al responsabile delle risorse umane dell'azienda dei tuoi sogni. Inizia a farti domande sulle tue esperienze passate, le tue competenze e i tuoi obiettivi. Un repertorio linguistico limitato può costringerti a rispondere con frasi come: *"Sì, ho lavorato... ehm... bene con gli altri"* o *"Sono bravo a... cose... con il computer".* Non proprio una gran figura, vero? Un vocabolario più ricco ti avrebbe permesso di descrivere con precisione le tue abilità e le tue ambizioni, incrementando le tue possibilità di ottenere il posto di lavoro tanto ambito.

## Relazioni interpersonali: l'insalata di parole

Le relazioni, siano esse romantiche o amichevoli, si basano sulla comunicazione. Con un vocabolario limitato, potresti trovarti in difficoltà nel condividere i tuoi sentimenti e le tue esperienze con gli altri. Immagina di cercare di spiegare a un amico il motivo per cui sei triste dopo aver visto un film drammatico: "Ero... triste... perché... quella perdita improvvisa... un film tremendo". L'amico potrebbe risponderti: "Oh, grazie per avermi illuminato con la tua profondità". Un vocabolario più ricco ti avrebbe permesso di esprimere le tue emozioni e riflessioni in modo più dettagliato e coinvolgente dandoti modo di affrontare una conversazione piacevole e interessante.

## Viaggiare all'estero: il turista monolingue

Viaggiare in un paese straniero può essere un'esperienza stimolante e arricchente. Tuttavia, con un vocabolario limitato nella lingua locale, potresti trovarti in forte difficoltà per comunicare anche le necessità più basilari. Chiedere indicazioni potrebbe trasformarsi in un gioco di mimica degno di un'edizione speciale di "Indovina chi?". Avere un vocabolario più ampio ti permetterebbe di interagire più facilmente con le persone del posto, rendendo il tuo viaggio più piacevole e stimolante.

## Discussioni e dibattiti: il cigno muto

In una discussione o un dibattito, sia in ambito lavorativo che personale, un vocabolario povero può ostacolare la tua capacità di argomentare e di convincere gli altri delle tue idee. Potresti trovarti a ripetere gli stessi concetti e parole, mentre i tuoi avversari ti sommergono con argomentazioni articolate e ben formulate. In questi momenti, potresti desiderare di avere un interprete a tua disposizione, per poter rispondere con altrettanta efficacia e persuasione. Ebbene, le parole sono di fatto i rappresentati dei tuoi pensieri, saper gestirli con efficacia porta ad una migliore sicurezza argomentativa nei dibattiti.

## Esperienze culturali: la sindrome del "non capisco"

Il mondo dell'arte, della letteratura e della musica è ricco di espressioni e simbolismi che possono essere apprezzati appieno solo se si dispone di un vocabolario adeguato. Un lessico limitato potrebbe farti sentire come se stessi guardando un quadro astratto e pensando: "Sembra una macchia di vernice, ma tutti dicono che è geniale... non capisco". La capacità di comprendere e apprezzare le sfumature linguistiche e culturali ti aprirà un mondo di nuove esperienze e opportunità di apprendimento.

## La scrittura: l'alfabeto dell'immaginazione

Che si tratti di scrivere un saggio per la scuola, una relazione per lavoro o un romanzo per hobby, un vocabolario limitato può ostacolare la tua capacità di esprimerti in modo chiaro e creativo. Potresti ritrovarti a scrivere frasi basiche e prive di anima della serie: *"Il protagonista era molto triste, per poi rallegrarsi dopo l'arrivo della sua amata"*. Non proprio il massimo della letteratura, no? Un lessico più ampio ti consentirà di *dipingere* immagini vivide e coinvolgenti con le tue parole, rendendo la tua scrittura più interessante e appagante.

Per concludere, un vocabolario nutrito è fondamentale per una comunicazione efficace, interessante e coinvolgente. Ci permette di esprimere le nostre idee con precisione e chiarezza, di rendere le conversazioni più vivide e stimolanti, e di divertire e intrattenere il nostro interlocutore con umorismo e giochi di parole. Perciò, cari lettori, continuate a leggere, a imparare e a esplorare il vasto e meraviglioso mondo delle parole, perché, come diceva il poeta Emily Dickinson: *"Le parole sono i nostri più inesauribili tesori"*.

# L'importanza del vocabolario

In linguistica esiste un fenomeno chiamato ipotesi Sapir-Whorf, che suggerisce che "la struttura di una lingua influenza la visione del mondo o la cognizione dei suoi locutori". Grammatica, regole, tempi, profondità, parole e combinazioni disponibili: l'ipotesi sostiene che questi elementi influenzano il nostro pensiero o lo determinano nella sua totalità. Se ci fosse anche solo un accenno di verità in questa idea, allora dovreste correre subito in libreria. Ma la domanda è: *esiste?*

Tenendo presente questo, vorrei presentarvi una persona: Ludwig Wittgenstein. Insieme, abbiamo elaborato una teoria per rispondere a questa domanda. La nostra idea è questa: Una migliore padronanza del linguaggio non cambia il modo di pensare. Cambia ciò che pensate e chi sarete grazie ad esso.

## Le parole non cambiano il modo in cui si vive

Nel suo secondo dei due unici libri, pubblicato postumo, le Indagini filosofiche, Wittgenstein sostiene che il linguaggio di per sé è inutile. Tutto il suo significato è legato al ruolo che gli assegniamo nel dominio pubblico. Un esempio: Sono l'unica persona al mondo a usare la parola Sfogliariscopio.

La definizione di questo termine è irrilevante, perché non potrei condividerla con nessuno. Tuttavia, solo leggende questa parola, voi state già immaginando cosa diavolo potrebbe essere uno Sfogliariscopio: *nella vostra mente avete già trovato una vostra definizione, indipendentemente dal significato originale che gli ho affibiato.* Pertanto, non importa cosa ci sia dietro una parola, ma solo come la usiamo nella comunicazione.

*Lo scarabeo di Wittgenstein*

Per spiegarlo, Wittgenstein utilizza l'idea di uno scarabeo in una scatola. Immaginate che ogni persona sulla terra abbia una piccola scatola con dentro qualcosa che chiama "*scarabeo*" - qualsiasi cosa, in realtà. Potrebbe essere una macchinina, un piccolo cumulo di spazzatura, sabbia, aria fresca, uno scarabeo vero e proprio o niente di tutto questo.

Finché ognuno può guardare solo nella propria scatola, non importa cosa ci sia dentro. Possiamo comunque parlare di scarabei. Il tuo scarabeo, il mio scarabeo, il suo scarabeo, il loro scarabeo. Sappiamo tutti cosa significa: *la cosa nella scatola*. Se applichiamo questa idea alle parole che usiamo per descrivere le nostre esperienze, capiremo perché un numero maggiore di esse non ci farà pensare in modo diverso a ciò che accade. *Dolore, piacere, ansia, gioia, felicità, malinconia, nostalgia:* ognuno di noi li misura in modo diverso.

Per esempio, se mettete la mano su una piastra calda, lo stimolo termico applicato alla mano è di natura fisica, dipende dalle condizioni della pelle, dai gradi, ecc. Se lo fate per due volte di seguito, la vostra esperienza emotiva e la vostra reazione fisica rimangono esattamente le stesse, indipendentemente dal fatto che la etichettiate come "*ahi!*" o come *"dolore lancinante".* Le parole non cambiano il vostro modo di pensare al mondo, ma vi permettono solo di comunicarlo al resto del mondo.

# Le parole cambiano la gamma di cose a cui si può pensare

Nel suo primo libro, il Tractatus Logico-Philosophicus, Wittgenstein condivideva un'idea diversa, ma altrettanto importante: *Le parole ci permettono di immagazzinare nella nostra mente immagini di fatti.*

Ecco perché, anche se non cambierà il fatto che ognuno di noi la pensa in modo diverso, è utile avere parole per sentimenti complessi, come angoscia, malinconia o lutto. Più parole equivalgono a più immagini memorizzabili.

Per esempio, quando trasformerete l'episodio della piastra calda di cui sopra in un ricordo, questo verrà immagazzinato nella neocorteccia, distribuito in varie sezioni, il che ne renderà più facile il richiamo al momento del bisogno. Ora avete anche una nuova frase per descrivere l'intera vicenda: *l'incidente della piastra.* Basta pensarla o pronunciarla e il vostro cervello ricomporrà l'intero quadro in un istante. Così come potete usare per sempre la parola "piastra calda" per tenere a mente quanto appena letto.

## Perché vale la pena conservare le vecchie foto

Supponiamo di voler creare un nuovo tipo di torta. In questo caso, avere accesso alle parole che descrivono tutte quelle esistenti è un enorme vantaggio. Come la millefoglie, la cheesecake o la torta margherita: Avere a mente le "immagini" di tutte le varianti esistenti permette di fare diversi collegamenti che qualcuno con un vocabolario più limitato potrebbe non riuscire a fare.

Il numero di immagini a cui si ha accesso è una componente chiave della creatività. Così come avere un'etichetta per la nostalgia vi permette di notare quanto spesso vi sentite nostalgici - non importa a quale livello - e di scoprire se siete una persona nostalgica. Le parole non cambiano le vostre esperienze nella vita, ma cambiano il modo in cui le immagazzinate e quello che guardate per dar loro un senso. A tal fine, il mio amico Ludwig e io crediamo che l'ipotesi Sapir-Whorf debba essere riformulata: *Imparare nuove parole non cambierà chi siete, ma potrebbe determinare chi diventerete.*

# Come migliorare il proprio lessico

Sono ormai anni che spesso mi viene fatto notare quanto sia ampio il mio vocabolario. Da un certo punto di vista, lo riconosco. Mi piace conoscere e adoperare diverse parole. Allo stesso modo, tendo a notare quando gli altri usano alcuni termini in modo scorretto (raramente le correggo). Da un altro punto di vista, mi rendo conto di quanto la lingua italiana sia incredibilmente vasta.

Si stima che la lingua italiana sia composta da circa 250.000 parole, tra cui quelle di uso comune e quelle meno utilizzate. È importante sottolineare che questo conteggio può variare in base alla definizione di "parola" e alla fonte consultata. E' comunque interessante notare che, secondo alcune stime, il numero totale di termini italiani, compresi quelli meno utilizzati o obsoleti, potrebbe superare le 800.000 unità.

In termini assoluti, il numero di parole che si possono imparare è praticamente infinito. Quindi, anche se conosco molte parole che non sono particolarmente comuni, il mio vocabolario è decisamente limitato risepetto ai termini che non conosco. Di recente, un'amica ha rimarcato la ricchezza del mio lessico, chiedendomi come avrebbe potuto migliorare il suo. Questo mi ha fatto riflettere, e la riflessione mi ha portato ad annotare alcune cose, e gli appunti a loro volta hanno dato origine a un'e-mail, che infine ha portato al libro che tieni tra le mani. Prima di immergerci nelle quattro attività che hanno fatto la differenza nell'aiutarmi a migliorare il mio vocabolario, diamo una rapida occhiata ai diversi tipi di vocabolario.

## I diversi tipi di vocabolario

Tradizionalmente si distinguono due categorie di vocabolario: *passivo e attivo.* Il vocabolario passivo comprende tutte le parole che si possono riconoscere, ad esempio, leggendo o ascoltando un discorso, ma non quelle che vengono usate consapevolmente nella propria comunicazione. Il vocabolario attivo, invece, comprende tutti quei termini a cui si fa riferimento nel proprio parlato o nel proprio scritto. In genere, quando si dice di voler migliorare il proprio vocabolario, si intende quello attivo, ovvero ampliare il proprio bagaglio di parole utilizzabili. Ai fini di questo capitolo, credo sia utile aggiungere due tipi di vocabolario: *quello etimologico e quello catacresto.*

Per vocabolario etimologico intendo un vocabolario composto da parole di cui è possibile identificare e spiegare l'origine. Per esempio, se avete studiato il latino e avete incontrato la parola "*puer*", che significa "ragazzo", allora potete facilmente spiegare perché il termine "*puerile*", infantile o sciocco, significa ciò che significa.

E poi c'è il vocabolario "*catacresto*", l'unico tipo di vocabolario che non si vuole assolutamente espandere. Il vocabolario catacresto è la mia espressione per indicare l'insieme di parole che fraintendiamo passivamente o che usiamo attivamente in modo improprio. Questo include cose come scambiare la parola "reticente" con la parola "riluttante". In ogni caso, sebbene ognuna delle quattro attività citate di seguito sostenga e rafforzi *(o indebolisca, nel caso del vocabolario catacresto)* diversi aspetti del proprio vocabolario, esse tendono a concentrarsi principalmente su uno o due di essi, ed è utile sapere su quale vocabolario si sta lavorando in un determinato momento per avere reale contezza del proprio progresso.

## 1. Leggere con un dizionario

**Vocabolario target:** Si rivolge principalmente ai vocaboli passivi e catacresi.

Ho iniziato a leggere con un dizionario mentre stavo studiando per l'esame di ammissione in Lettere e Filosofia. Non riuscivo a seguire i mattoni universitari, ma sapevo di voler aumentare la mia padronanza lessicale. Così ho acquistato un dizionario tascabile e ogni qualvolta incontravo una parola che non conoscevo, la cercavo.

Alla fine, questa strategia ha funzionato. Nel corso di alcuni mesi, ho incrementato sostanzialmente il mio vocabolario, fino a ottenere il compiacimento, del tutto insollecitato, di alcuni professori. Quando l'esame di ammissione si rivelò un successo, la pratica di leggere con un dizionario era ormai abituale, così continuai a farlo per molto tempo.

Durante questa pratica sono successe alcune cose interessanti. Innanzitutto, ho scoperto quante parole in realtà non conoscevo. Potrebbe essere ovvio, ma finché non ho iniziato a leggere con un dizionario, non mi ero mai reso conto di quanti termini usavo impropriamente, ignoravo del tutto o ne davo per scontato il significato. L'altra cosa che ho notato è che la mia mente iniziava ad associare automaticamente i nuovi termini ai libri in cui li avevo incontrati per la prima volta. Se riuscivo ad appuntare l'anno in cui avevo letto il libro, questo serviva come punto di riferimento interessante (anche se non necessariamente pratico) per sapere da quanto tempo conoscevo la parola.

Per esempio, ho imparato la parola "avuncolato" più di dieci anni fa, mentre leggevo Demian di Hesse. Ho imparato la parola "magnanimo" leggendo *Delitto e castigo* nell'estate del 2008. "Strabismo", "nistagmo", e "denticolato" sono entrati nel mio vocabolario quando ho letto *Infinite Jest* nel 2014.

All'inizio della lettura con un dizionario, cercavo ogni parola che non conoscevo. Oggi non sono più così rigoroso, ma direi che faccio ancora riferimento al dizionario due o tre volte al giorno.

## 2. Costruire un dizionario personale e fare pratica

**Vocabolario target:** Si rivolge principalmente al vocabolario attivo.

Qualche anno fa, nell'appassionato tentativo di migliorare il mio vocabolario attivo, ho iniziato a costruire un dizionario personale in un documento di Google che ho chiamato Parole da studiare, imparare, amare, usare, dimenticare, ricordare. Inizialmente il documento era composto da un centinaio di voci. Al momento in cui scrivo, sono quasi 1.000. Il mio processo di creazione di una voce si svolge in questo modo:

- Quando mi imbatto in una parola di cui non conosco il significato, la aggiungo al mio documento.

- In seguito, cerco la parola nella versione web del vocabolario *Treccani*. Lo userò come guida, modificando parte del linguaggio mentre creo la mia definizione.

- Infine, in fondo alla voce, aggiungo tutte le altre parole che appartengono a quella particolare famiglia di parole.

Un esempio di parola italiana che potrebbe essere identificata con questi requisiti è "pertinenza". Supponiamo che, durante la lettura di un testo, ti imbatti in questo termine di cui non conosci il significato. Decidi quindi di aggiungere questa parola al tuo documento personale per poterla consultare in seguito. Successivamente, accedi al vocabolario online e ricerchi la parole per scoprirne il significato. Utilizzando la definizione come guida, modifichi parte del linguaggio e crei la tua definizione personale della parola. Infine, decidi di aggiungere tutte le altre parole che appartengono alla stessa famiglia, come ad esempio "pertinente", "impertinenza", "appartenenza", ecc.

Questi passi iniziali mi forniscono una base per la fase successiva, quando inizio a praticare attivamente la parola. A tal scopo, di solito seleziono due o tre parole alla settimana dal mio dizionario personale. Le metto in pratica nella scrittura e nelle annotazioni sul diario e poi trovo modi creativi per inserirle nelle conversazioni.

Alla fine della settimana, avrò usato attivamente le parole per 15-30 volte, un numero più che sufficiente per acquisire una competenza di base nel loro utilizzo. Nelle settimane successive, la combinazione tra il fenomeno Baader-Meinhof *(un'esperienza psicologica in cui una persona inizia a notare una cosa o un concetto dopo averlo incontrato per la prima volta)* e l'uso continuo e casuale delle parole contribuisce a consolidarle nel mio vocabolario attivo.


## 3. Studiare le lingue indoeuropee (specie il latino)

**Vocabolario target:** Si rivolge principalmente al vocabolario etimologico e passivo.

Nella primavera del mio primo anno di università ho seguito un corso extra-accademico di letteratura greca e romana. Durante una delle mie lezioni in sezione, il nostro eccentrico assistente all'insegnamento stava parlando di come anche i madrelingua italiani ben istruiti tendano a non conoscere la grammatica della loro lingua madre. "Se volete davvero imparare l'italiano", disse, "studiate il latino".

Questa provocazione suscitò il mio interesse. Il trimestre successivo frequentai un corso di latino introduttivo e capii subito cosa intendeva. Sebbene l'italiano appartenga tecnicamente al ramo delle lingue romanze, migliaia di parole che formano il vocabolario italiano di base sono di origine latina. Lo studio di quella che viene definita una *"lingua antica"* è servito per il mio vocabolario a fornirmi un contesto aggiuntivo per comprendere parole inglesi sconosciute che avevano un'origine latina. Così, per esempio, la parola "invidioso" non era più un termine italiano casuale che fluttuava nell'etere e di cui dovevo semplicemente memorizzarne il significato ("suscitare rabbia o risentimento"). Piuttosto, potevo riconoscerla come un prestito dal termine latino *invidere*, "invidiare o considerare con cattiva volontà".

Questo significava anche che se conoscevo una parola in latino e vedevo il suo prestito in italiano, potevo indovinarne il significato con un certo livello di sicurezza. Dopo il primo corso di latino, ho finito per studiare diverse altre lingue indoeuropee, tra cui il greco, l'inglese, il tedesco, ed il francese. Questo mi ha dato una base incredibilmente solida per indovinare l'origine di numerosi termini italiani.

## 4. Conoscere alcune radici e l'etimologia

**Vocabolario target:** Si rivolge principalmente ai vocabolari etimologici e passivi.

Quest'ultimo suggerimento è semplice: scoprite la storia delle parole sconosciute. Imparate a conoscere la loro origine. Scoprite perché sono arrivate a significare ciò che significano. La mia risorsa etimologica preferita (e di gran lunga la più completa tra quelle gratuite che conosco) è etimo.it, un gigantesco dizionario online, facilmente consultabile e ricco di termini. *In che modo la comprensione dell'etimologia vi aiuterà ad ampliare il vostro vocabolario?* Allo stesso modo in cui la conoscenza delle radici latine fornisce un contesto aggiuntivo per capire perchè alcuni termini hanno il significato che hanno, conoscere l'origine di una parola fornisce associazioni che facilitano l'apprendimento e il ricordo.

Immagino che alcuni lettori siano arrivati a questo capitolo sperando di trovare consigli e trucchi veloci. Immagino anche che incontrare suggerimenti come "leggere con un dizionario per diversi anni" o "imparare il latino" sia fastidioso, scoraggiante e apparentemente poco pratico. Ecco la mia apologia in due punti:

- Quando si vede all'apprendimento come ad un gioco a lungo termine, l'interesse composto è stupefacente. Quando invece si cerca una soluzione rapida con trucchi e scorciatoie, i risultati non sono all'altezza.

- Ho provato i trucchi e le scorciatoie. Non funzionano.

In conclusione, ampliare il proprio vocabolario è un percorso di crescita personale e intellettuale che richiede dedizione e impegno nel tempo. Attraverso la lettura con un dizionario, la creazione di un dizionario personale, lo studio delle lingue indoeuropee e l'approfondimento delle radici etimologiche delle parole, siamo in grado di arricchire il nostro bagaglio linguistico e comunicativo, avendo una conoscenza più solida e approfondita del nostro linguaggio. È vero che questi metodi potrebbero sembrare impegnativi e richiedere tempo, ma è proprio questo impegno che ci permette di ottenere risultati duraturi e soddisfacenti. In definitiva, investire nell'espansione del nostro vocabolario ci consente di esprimerci in modo più preciso, articolato e creativo, nonché di comprendere meglio il mondo che ci circonda e il ruolo che la lingua svolge nella nostra vita quotidiana.

# Espressioni da eliminare dal proprio parlato

La lingua italiana è in pericolo di vita, appesa ad un filo di tradizione e agli ultimi spasmi di considerazione. La nostra povera lingua ha sopportato anni di abusi da parte del rigido conteggio dei caratteri nei primi *telefonini* e dei dialetti ormai stereotipati. Oggi come oggi, i social media sono spietati e il gergo distorto delle GIF divertenti e dei meme di tendenza si sta lentamente infiltrando nel nostro linguaggio quotidiano. Ma, a quanto pare, non è solo la nostra lingua a soffrire l'inesorabile avanzare del tempo.

In un'intervista al Daily Mail, Marie Clair, della Plain English Campaign, ha spiegato che *"i giovani creano il proprio linguaggio perché non vogliono sembrare adulti boriosi"*. Ma cosa succede quando gli adulti iniziano a usare il linguaggio dei ragazzi? Chi rimane a preservare la lingua? E se la maggioranza delle persone usa queste frasi, questo le rende valide?

Mi sembra di sentire i tuoi pensieri. Si, ho capito. Anch'io apprezzo le abbreviazioni per velocizzare un testo. Capisco anche che i simboli sono stati usati come forma di comunicazione fin dai tempi preistorici della pittura rupestre. Ma quello che è iniziato come un innocuo cyber-slang potrebbe trasformarsi in un mostro decisamente più grande. Non lasciate che le parole vi impediscano di essere presi sul serio o di dire ciò che intendete.

Quando usiamo queste frasi, rischiamo di apparire meno intelligenti di quanto siamo. Queste parole stanno involontariamente istupidendo persone perfettamente intelligenti. E per quanto le opinioni delle persone su di voi non dovrebbero essere importanti, alla fine lo sono. Dettano il modo in cui interagiamo con il mondo e il modo in cui il mondo interagisce con noi.

La percezione che le persone hanno di voi si basa sul vostro comportamento. Anche se non dovreste preoccuparvi di ciò che pensano gli altri, credo che si possa affermare con certezza che la maggior parte delle persone lo fa. In ogni caso, riflettete su questo. *La cultura popolare vi sta privando della vostra individualità?*

La società è una macchina. Entriamo nella macchina come individui unici con la capacità di pensare e parlare per noi stessi, finché non finiamo per diventare cloni, che imitano frasi sdolcinate dal dubbio o nullo significato. Per fortuna non abbiamo bisogno di una laurea per essere presi più sul serio. Quindi, se desiderate riappropriavi di una comunicazione più genuina e sensata, considerate di eliminare dal vostro vocabolario le seguenti parole o modi di dire.

## *Letteralmente*

Se sento questa parola ancora una volta mi viene una crisi, letteralmente. No, non significa quello che pensi. Se così fosse, probabilmente non continuerei a scrivere. Non so quando o perché sia iniziato questo fenomeno, ma la parola "*letteralmente*" sembra essere più contagiosa della pandemia. Vi racconterò un'aneddoto.

Due anni fa, ero a cena con tre miei amici. Non ci vedevamo da settimane, quindi avevamo molto di cui parlare. Mi sono seduto al tavolo, rabbrividendo, mentre la suddetta parola veniva disseminata in modo del tutto casuale nella conversazione. Ogni due frasi spuntava fuori.

"Sono letteralmente morto di imbarazzo", disse Paolo, mentre mi chiedevo se vedessi persone morte. "Non riesco più a bere Sambuca da quella volta a Milano", disse Francesco ridendo, mentre si faceva un bicchierino di Amaro del Capo. "La mia ragazza è letteralmente innamorata di me", esordì Ivan sorridendo, cosa che avrei creduto anche senza l'inutile enfasi. *"Qualcuno di voi si rende conto di quanto dite 'letteralmente'?"*. Sbottai. *"Se lo sento un'altra volta, perdo la testa!"*. Per il resto della serata, non riuscimmo ad arrivare a metà di una storia senza fermarci perché quella diavolo di parole si infilava, ancora una volta, tra i denti di qualcuno. Non so perché questa parola sia così fastidiosa per me. Forse perché è un altro esempio di come la società dica qualcosa che in realtà non intende. Usare la parola "letteralmente" in continuazione, completamente fuori contesto, rende le persone interessanti come le espressioni matematice. Non solo non è necessario, ma è anche un po' riduttivo.


*Top*

Ah, la parola "top"! Se avessimo una classifica delle parole più usate e meno appropriate, "top" sarebbe, beh, al top. Questa piccola, subdola parola sembra aver infiltrato ogni aspetto della nostra vita quotidiana, rendendo tutto il meglio del meglio, anche quando non lo è. Permettetemi di condividere un aneddoto che illustra perfettamente il dilagare del termine. Ero in un bar con alcuni amici, e stavamo discutendo dei nostri ristoranti preferiti. *"Oh, il sushi da Sushi Samba è assolutamente top!"*, esclamò uno di loro. *"E il gelato alla crema di pistacchio da Gelateria Paradiso? Top!"*, aggiunse un altro. A quel punto, mi resi conto che la parola "top" era diventata una vera ossessione.

Non fraintendetemi, sono un grande sostenitore di ciò che è eccellente e di alta qualità. Ma il problema con "top" è che ha perso ogni senso di proporzione e sfumatura. *Quando tutto diventa "top", come facciamo a distinguere ciò che è veramente straordinario da ciò che è semplicemente buono?*

Propongo una sfida: la prossima volta che sei tentato di usare "top" per descrivere qualcosa, fermati un attimo e chiediti se ci sia una parola più adatta. Forse il sushi da Sushi Samba è delizioso, mentre il gelato alla crema di pistacchio è cremoso e rinfrescante. Ricordiamoci che non tutto può essere "top", altrimenti il concetto stesso di eccellenza perderebbe ogni significato. Invece di appiattire il nostro vocabolario, arricchiamolo con termini più specifici e accurati che catturino veramente l'essenza di ciò che vogliamo esprimere. In questo modo, non solo comunicheremo meglio, ma apprezzeremo anche di più le sfumature che rendono la vita così affascinante e variegata. *E, in fin dei conti, non è questo il vero "top"?*


## Nel senso...

Signore e signori, vi presento un'altro sempreverde della modernità. Un espressione tanto (ab)usata quanto antipatica che, nel senso più ampio, ha perso ogni senso. Sì, avete capito bene: è ora di affrontare l'epidemia de *"nel senso"* che ha preso d'assalto le nostre conversazioni come un'invasione aliena dei film di fantascienza. Ricordo perfettamente l'episodio in cui mi resi conto di quanto *"nel senso"* fosse diventato un vero e proprio virus verbale. Ero al telefono con un vecchio amico, che non sentivo da anni. Chiacchieravamo di vecchie storie e di cosa fosse successo nelle nostre vite. E poi, senza preavviso, il buon vecchio Gerardo esordì: *"Sai, mi sono sposato... nel senso, ora Beatrice è mia moglie".* Mi chiesi: *"Cosa intendeva con 'nel senso'? C'è forse un altro modo di interpretare il matrimonio che mi sfugge?"*

Fu quello l'esatto istante in cui mi resi conto di quanto *"nel senso"* fosse diventato una sorta di tic verbale. La gente lo getta nelle conversazioni come prezzemolo in un piatto di spaghetti alle vongole. "Nel senso" era ovunque, spesso senza alcun motivo apparente. Ecco la mia proposta: ogni volta che senti l'impulso di pronunciare l'odiosissimo "nel senso", metti il freno alla lingua e rifletti su cosa stai cercando di comunicare. Sono disposto a scommettere che in molti casi, l'espressione non aggiunge nulla al discorso e può essere tranquillamente eliminata senza conseguenze.

*Nel senso...* no, aspetta. Voglio dire, seriamente, proviamo a limitare l'uso di "nel senso" alle situazioni in cui è veramente necessario chiarire un concetto o sottolineare un punto. In questo modo, non solo avremo conversazioni più fluide e precise, ma anche il piacere di riscoprire la bellezza di esprimersi chiaramente e senza fronzoli.


## Anche no

Eccoci, pronti ad affrontare quella che potrebbe tranquillamente essere definita l'espressione più irritante: "anche no". Questa gemma della conversazione moderna è diventata una sorta di molla verbale, pronta a saltar fuori quando non si ha la più pallida idea di cosa dire o, peggio ancora, quando si cerca di apparire vagamente disinteressati o sarcastici.

Immaginatevi una dimensione parallela in cui *"anche no"* non è solo un'ossessione linguistica, ma ha assunto il controllo totale del nostro modo di comunicare. In questo incubo distopico, i dialoghi tra le persone si ridurrebbero a una serie di *"anche no"* scambiati a ritmo serrato, mentre ognuno cerca di superare il suo interlocutore nella gara per apparire il più indifferente e disimpegnato possibile. Cosa succederebbe se "anche no" diventasse la risposta standard a qualsiasi domanda o affermazione?

*"Ti va di andare al cinema stasera?"* - "Anche no."

*"Vuoi una fetta di torta?"* - "Anche no."

*"Hai vinto alla lotteria!"* - "Anche no." (Anche se in questo caso, ammettiamolo, sarebbe piuttosto sarcastico.)

L'umorismo di "anche no" è quello di un cuoco che mette peperoncino in ogni piatto, sperando di essere considerato un genio culinario. In fin dei conti, il risultato è solo un sapore monotono e prevedibile, che lascia un antipaticissimo senso di bruciore e rammarico. *Dovremmo forse organizzare una crociata per eliminare "anche no" dal nostro lessico?* Non necessariamente. Invece, cerchiamo di usarlo con moderazione e solo quando è veramente appropriato. In questo modo, possiamo preservare il suo potere comico e allo stesso tempo evitare di farlo diventare un cliché stantio e privo di significato.


## *Tipo Come...*

Lo so, lo so. Questa è davvero difficile. È un parassita che si attacca a un discorso in modo naturale come un respiro. *Quindi, come lo eliminiamo?* Semplicemente facendo un respiro silenzioso. Non posso fare a meno di chiedermi se questo incessante *"riempi-vuoti"* derivi dall'urgenza di parlare velocemente o di classificare tutto in compartimenti stagni. Il termine "tipo come" è un gergo inutile e privo di significato come tutti gli altri. Un film non è *"tipo come se fosse un viaggio"*, è immersivo, accattivante, coinvolgente, o semplicemente davvero bello. Sebbene questi termini *"tappa-buchi"* passino spesso inosservati, è bene bandirli quando si parla in pubblico. Specie durante le presentazioni e i discorsi formali, questi modi di dire risultano come un punto dolente. Ricordate che queste parole segnano le pause naturali del vostro discorso, non devono essere annunciate. Non servono a nulla e non fanno progredire il dialogo. Anzi, i riempitivi possono distrarre il pubblico dalla comprensione del messaggio. Esercitatevi nel vostro discorso quotidiano per determinare quale sia il vostro riempitivo preferito - tutti ne abbiamo uno - e poi prendete nota ogni volta che siete tentati di usarlo. Se vi rendete conto di questa parola, riuscirete a eliminarla.

## Perché dovreste preoccuparvi di più delle vostre parole

Le parole che usate per articolare i vostri pensieri sono direttamente correlate al modo in cui le persone vi percepiscono. Ammettiamolo. Tutti esprimono un giudizio, che sia inconscio o meno. Innanzitutto, giudichiamo una persona dal suo aspetto. Poi, si giudica il modo in cui parla e quello che dice. L'editorialista Douglas Rushkoff in un articolo del 2013 del New York Times scrive: *"Senza la grammatica, perdiamo gli standard concordati su cosa significa cosa. Senza grammatica, perdiamo la precisione necessaria per essere efficaci e mirati nella scrittura".*

Un vocabolario povero o stentato può attirare le persone sbagliate o scoraggiare quelle giuste. L'uso improprio di parole e modi di dire può dare una cattiva impressione. *Volete che le persone prendano sul serio voi e le vostre idee, non è vero?* Il modo più semplice per migliorare il vostro vocabolario è leggere libri. Potete anche sforzarvi di rallentare il discorso e di ascoltare attentamente ciò che dite. A volte parliamo così velocemente che non ci rendiamo nemmeno conto degli errori che facciamo. In questo caso è più probabile che si usino i riempitivi. Il linguaggio determina la vostra intelligenza professionale ed emotiva. Non lasciate che questefrasi vi ostacolino al lavoro o nei contesti sociali. Per quanto sia allettante usare lo slang popolare di tanto in tanto, parlare bene non passerà mai di moda.

# Parole che contano

Miei cari lettori, in questo capitolo esploreremo insieme il meraviglioso mondo delle parole e come utilizzarle per creare conversazioni appaganti, coinvolgenti e persuasive. Impareremo a padroneggiare l'arte di scegliere le parole giuste per esprimere il nostro punto di vista, a evitare l'uso di espressioni vaghe e poco specifiche e a bilanciare l'impiego di tecnicismi e gergo senza risultare ostici o poco comprensibili.

Attraverso esempi di vita reale, aneddoti e consigli pratici, vi guideremo passo dopo passo nella creazione di un linguaggio che risuoni con chiunque voi stiate comunicando, sia che si tratti del vostro capo, del vostro partner, dei vostri amici o di un completo sconosciuto. Che siate alle prime armi o abbiate già un solido background linguistico, questo capitolo vi fornirà gli strumenti e le tecniche necessarie per elevarvi a nuove vette comunicative. Preparatevi a immergervi in un'avventura lessicale che vi porterà a esprimervi con più chiarezza, precisione e autenticità che mai.

# L'arte di scegliere le parole giuste

Immaginate di possedere una bacchetta magica che vi permetta di influenzare gli altri, di condividere i vostri pensieri con chiarezza e di costruire relazioni più profonde e autentiche. Questa bacchetta esiste, e si chiama "vocabolario". In questo primo paragrafo, esploreremo l'arte di scegliere le parole giuste per esprimere il nostro punto di vista, un'abilità fondamentale nella comunicazione efficace.

Le parole giuste possono fare la differenza tra un discorso appassionato e uno noioso, tra una conversazione stimolante e una deludente. *Ma come scegliere le parole giuste?* La scienza ci dice che le parole che scegliamo dipendono dalla situazione, dal nostro pubblico e dai nostri obiettivi di comunicazione. *Ricordate la volta in cui avete provato a spiegare a vostra nonna come funziona un'app di incontri? O quando avete cercato di convincere il vostro capo a concedervi un aumento?* In entrambi i casi, scegliere le parole giuste è stato fondamentale per il successo della vostra comunicazione.

Il contesto gioca un ruolo cruciale nella scelta dei termini più appropriati per veicolare il vostro messaggio. *Non vorreste usare le stesse parole che usate con i vostri amici in una riunione di lavoro, giusto?* Diventa quindi fondamentale imparare a valutare il contesto e ad adattare il nostro linguaggio di conseguenza. Il pubblico è un altro fattore chiave nella scelta dello stile comunicativo. La differenza di approccio è sostanziale quando si è in una situazione informale rispetto ad una formale.

Ora che abbiamo chiara l'importanza del contesto e del pubblico, è tempo di esplorare alcune strategie pratiche per scegliere le parole giuste. Impareremo a utilizzare sinonimi, a evitare ripetizioni e a usare parole che evocano emozioni e immagini vivide. *Sei mai rimasto bloccato nella stessa conversazione noiosa che sembra andare avanti all'infinito, con l'interlocutore che ripete sempre le stesse cose come un mantra ipnotico?* Bene, non preoccuparti: i seguenti accorgimenti sono stati concepiti per aiutarti a evitare questo triste destino.


## Accorgimenti per arricchire il nostro lessico

Sinonimi, quei piccoli tesori linguistici che ci permettono di dire la stessa cosa in modi diversi. Ma per quale motivo dovremmo utilizzarli, chiederai? Beh, per cominciare, possono aggiungere varietà e interesse al nostro discorso e scritto, evitando che il nostro pubblico si lasci distrarre dal noioso effetto ripetitivo. Ecco alcuni banali esempi per comprendere l'importanza dei sinonimi:

- Il tuo amico ti chiede cosa ne pensi del suo nuovo look. Invece di dire "Mi piace", potresti usare "Lo trovo affascinante" o "È veramente accattivante".

- Se stai descrivendo un viaggio che hai fatto, invece di usare continuamente la parola "bello", prova a variare con "incantevole", "mozzafiato" o "spettacolare".

Ripetere le stesse parole o espressioni può risultare noioso e fastidioso per chi ascolta. Inoltre, può anche far decadere l'interesse dell'interlocutore verso le nostre parole. Per evitare questo, ecco alcuni suggerimenti:

- Rileggi o riascolta ciò che hai detto o scritto e cerca di individuare le parole che si ripetono.

- Sostituisci le parole ripetute con sinonimi o riformula la frase per renderla più interessante.

Allo stesso modo, usare parole che evocano emozioni e immagini vivide può rendere il nostro discorso e scritto più interessante e coinvolgente. Ecco come farlo:

- Usa aggettivi e avverbi specifici per descrivere situazioni, persone o oggetti. Invece di dire "Il tempo è brutto", prova "Il cielo è plumbeo e minaccioso".

- Usa metafore e similitudini per creare immagini vivide e facilmente comprensibili. Ad esempio, invece di dire "Sono molto affamato", potresti dire "Ho una fame da lupi".

Per passare dagli accorgimenti teorici all'applicazione pratica, è fondamentale mettere in atto gli accorgimenti appresi per arricchire il nostro lessico in differenti situazioni. La scelta delle parole più opportune in base al contesto può fare una grande differenza nella qualità delle nostre interazioni quotidiane. Attraverso esempi concreti e situazioni realistiche, possiamo illustrare come le tecniche di espansione del vocabolario possono migliorare la nostra comunicazione e renderla più efficace ed eloquente.

### Scenario 1: Parlando con il capo

Immaginate di dover chiedere un aumento al vostro capo. Il contesto è formale, e il vostro obiettivo è convincere il capo del vostro valore. In questo contesto, è essenziale utilizzare un linguaggio professionale, evitare gergo informale e dimostrare rispetto e competenza. Ad esempio, anziché dire *"Mi sembra che dovrei ottenere di più in busta paga"*, potreste dire: *"Vorrei discutere con lei delle mie responsabilità attuali e del mio contributo all'azienda, nella speranza di riconsiderare la mia retribuzione."*

### Scenario 2: Un discorso di nozze

Siete stati scelti per fare un discorso di nozze, e il vostro compito è celebrare gli sposi e intrattenere gli ospiti. Il contesto è informale e gioioso, quindi le parole che sceglierete dovrebbero riflettere queste caratteristiche. Raccontare aneddoti divertenti e usare un tono caloroso e amichevole è il modo giusto per procedere. Evitate di parlare di argomenti seri o di utilizzare un linguaggio eccessivamente formale.

## Scenario 3: Un colloquio di lavoro

Durante un'intervista di lavoro, il contesto è formale e l'obiettivo è impressionare il potenziale datore di lavoro. È importante mostrare competenza, professionalità e interesse per l'azienda. Evitate gergo e abbreviazioni informali, e concentratevi su termini specifici del settore e esempi concreti delle vostre esperienze lavorative passate. Ad esempio, invece di dire *"Mi piace lavorare con i computer"*, potreste dire: *"Ho acquisito una solida esperienza nella gestione di sistemi informatici e nella risoluzione di problemi tecnici"*.

## Scenario 4: Parlando con un bambino

Quando parlate con un bambino, il contesto richiede un linguaggio semplice e comprensibile. Utilizzate parole familiari e frasi brevi per facilitare la comprensione. Ad esempio, invece di dire *"Il tuo comportamento è inaccettabile e richiede correzione"*, potreste dire: *"Non è bello comportarsi così, dobbiamo imparare a rispettare gli altri."*


## *Giochi ed esercizi per migliorare nella scelta delle parole*

Incrementare il proprio vocabolario non deve essere noioso o laborioso. In realtà, può facilmente essere reso divertente e stimolante attraverso l'uso di giochi di parole ed esercizi. Di seguito ti propongo alcune attività creative e coinvolgenti per aiutarti a migliorare il tuo lessico e rendere le tue conversazioni più interessanti.

**Parole al Volo -** questo è un gioco stimolante che mette alla prova il tuo vocabolario e la tua velocità di pensiero. Ecco come funziona:

- Scegli una categoria, ad esempio, "animali", "frutta" o "città".

- I partecipanti devono dire alternativamente una parola che appartiene a quella categoria.

- Ogni parola può essere utilizzata solo una volta. Se un partecipante ripete una parola o non riesce a pensare a una parola entro un tempo stabilito (ad esempio, 5 secondi), è fuori dal gioco.

- L'ultimo partecipante rimasto in gioco vince.

**Sinonimi in gara -** Si tratta di un gioco molto simile a quello appena visto ed è ottimo per esplorare sinonimi e a scoprire nuove parole. Ecco come si gioca:

- Un giocatore sceglie una parola, ad esempio, "felice".

- Gli altri partecipanti devono, uno alla volta, dire un sinonimo di quella parola, come "contento", "allegro" o "soddisfatto".

- Ogni sinonimo può essere utilizzato solo una volta. Se un partecipante ripete un sinonimo o non riesce a pensare a uno entro un tempo stabilito (ad esempio, 10 secondi), perde un punto o è fuori dal gioco.

- Il gioco continua fino a quando i partecipanti non riescono più a trovare sinonimi, e il giocatore con il punteggio più alto vince.

**La storia a catena -** Un esercizio creativo per utilizzare parole insolite. "La storia a catena" è un esercizio di scrittura che incoraggia l'uso di termini insoliti ed inusuali. Ecco come si sviluppa:

- I partecipanti si siedono in cerchio o si mettono in fila. Il primo partecipante scrive o dice una frase per iniziare una storia, ad esempio: "Era una giornata uggiosa e Melinda si sentiva malinconica".

- Il secondo partecipante deve aggiungere una frase alla storia, utilizzando una parola insolita o inusuale: "Ma poi, un curioso animale chiamato 'nudibranchio' apparve sulla sua finestra, aggiungendo un tocco di stravaganza alla scena".

- Il gioco prosegue con ogni partecipante che aggiunge una frase utilizzando una parola insolita o inusuale.

- L'obiettivo è costruire una storia divertente e interessante che incorpori un'ampia varietà di parole e stimoli la creatività dei partecipanti.

**La parola mancante** - Questa esercitazione consiste nel privarsi di una parole ed è un grande mezzo per utilizzare un linguaggio più descrittivo e stimolare la creatività. Prova a descrivere il sapore del gelato al pistacchio senza usare la parola *"pistacchio"*. Ecco alcuni esempi:

- *"Il gelato ha un sapore delicato e leggermente dolce, con una nota di cremosità che ricorda un tipo di frutta secca."*

- *"Questo gelato ha un gusto inconfondibile e distintivo, con una ricca consistenza che fa venire in mente il sapore di un elegante dessert mediterraneo."*

**Cruciverba, indovinelli e giochi di parole** - I cruciverba, gli indovinelli e altri giochi di parole sono ottimi strumenti per ampliare il tuo vocabolario e mettere alla prova le tue abilità linguistiche. Prova a risolvere cruciverba, indovinelli o giochi di parole online o su giornali e riviste. Non solo migliorerai il tuo lessico, ma ti divertirai anche nel processo.

## Come evitare l'uso di parole vaghe

Di seguito esploreremo l'arte di evitare l'uso di parole vaghe per rendere la nostra comunicazione più chiara, efficace e coinvolgente. La vaghezza viene correlata all'nsicurezza e può portare a incomprensioni o sospetti e, in alcuni casi, può addirittura minare la nostra credibilità. Ecco alcuni consigli e strategie per liberarci dalle catene della vaghezza lessicale.

- **Identificare parole e frasi vaghe:** Il primo passo per evitare la vaghezza è identificare parole e frasi che tendono a creare confusione. Alcuni esempi comuni di parole vaghe includono *"cose"*, *"roba"*, *"qualcosa"* e *"qualsiasi"*. Presta attenzione alle parole che usi quotidianamente e individua quelle che potrebbero essere sostituite con termini più precisi.

- **Sostituire con parole specifiche:** Una volta individuate le parole vaghe, cerca di sostituirle con termini più specifici e descrittivi. Ad esempio, invece di dire *"ho preso alcune cose al supermercato"*, prova a dire *"ho acquistato frutta, verdura e pasta al supermercato"*. Questo rende il tuo messaggio più chiaro e interessante.

- **Fornire dettagli e contesto:** Se non riesci a trovare una parola specifica, cerca di fornire ulteriori dettagli e contesto per chiarire il tuo punto di vista. Ad esempio, invece di dire "ho avuto una brutta giornata", potresti dire "ho avuto una brutta giornata perché ho perso l'autobus e sono arrivato in ritardo al lavoro".

- **Fare domande per chiarire:** Quando comunichi con gli altri, non esitare a fare domande per ottenere informazioni più precise. Ad esempio, se qualcuno ti dice *"ho visto un film interessante ieri sera"*, potresti chiedere *"di che genere era il film?"* o *"chi erano gli attori principali?"*.

- **Evitare l'ambiguità:** L'ambiguità può essere fonte di vaghezza. Cerca di formulare le tue frasi in modo che non possano essere interpretate in modi diversi. Ad esempio, invece di dire *"ho parlato con Maria e Carlotta, e lei mi ha detto che era arrabbiata"*, chiarisci chi era arrabbiata dicendo *"ho parlato con Maria e Carlotta. Maria mi ha detto che si sentiva arrabbiata per aver litigato con Davide ieri sera"*.

## Parole chiave per stimolare una buona conversazione

In questo paragrafo ci concentreremo sulle parole e le espressioni più efficaci per stimolare una buona conversazione, coinvolgere i propri interlocutori e mantenere vivo l'interesse. Un buon vocabolario è essenziale per una comunicazione efficace e l'abilità di scegliere le parole giuste può fare la differenza tra una conversazione piatta e noiosa rispetto ad una vivace e stimolante.

**Parole aperte:** Utilizzare parole aperte che incoraggino gli altri a condividere le loro esperienze e opinioni. Alcuni esempi di parole aperte includono "com'è stato", "cosa ne pensi", "raccontami di più" e "mi piacerebbe sapere". Queste espressioni creano uno spazio accogliente per gli altri e incoraggiano la condivisione di idee.

**Parole empatiche:** L'empatia è fondamentale per stabilire una connessione emotiva con gli altri. Utilizza parole che dimostrino comprensione e sostegno, come "capisco", "mi dispiace sentirlo" e "deve essere difficile". Queste parole trasmettono empatia e fanno sentire gli altri ascoltati e compresi.

**Parole di apprezzamento:** Elogiare e apprezzare gli altri è un modo efficace per stimolare una buona conversazione. Utilizza parole come "bravo", "ottimo lavoro", "interessante" e "apprezzo il tuo impegno" per mostrare il tuo apprezzamento e incoraggiare la positività.

**Parole evocative:** Usa parole descrittive che evocano immagini vivide e sensazioni per rendere le tue storie e racconti più interessanti e coinvolgenti. Ad esempio, invece di dire "era una bella giornata", prova a dire "il sole splendeva intensamente e il cielo era di un azzurro intenso".

**Parole interessate:** Mostrare interesse per ciò che gli altri dicono è fondamentale per mantenere una conversazione vivace. Usa parole e frasi come "davvero?", "mi sembra affascinante" e "mi piacerebbe saperne di più" per dimostrare il tuo interesse e incoraggiare gli altri a condividere ulteriori dettagli.

**Parole per invitare alla riflessione:** Per stimolare una conversazione più profonda e significativa, utilizza parole e domande che invitino alla riflessione. Ad esempio, potresti chiedere "qual è stata la tua motivazione?", "come ti ha fatto sentire?" o "quali lezioni hai imparato da quell'esperienza?".

## Parole potenti e il loro impatto sulla psiche

Dopo aver visto le parole da evitare e quelle utilizzabili per stimolare una conversazione, vediamo alcune delle parole che, secondo la ricerca, hanno un forte impatto sulla psiche degli interlocutori. Questi termini o espressioni possono essere utilizzate per influenzare le emozioni, le decisioni e le azioni degli altri e sono strumenti preziosi nella comunicazione efficace.

**"Tu" e "Voi":** L'uso di pronomi personali come "tu" e "voi" crea un senso di connessione e coinvolgimento tra gli interlocutori. Parlando direttamente a qualcuno, è più probabile che presti attenzione e si senta coinvolto nella conversazione.

**"Perché":** La parola "perché" è potente perché richiede una spiegazione o una giustificazione. Questa parola può stimolare il pensiero critico e incoraggiare gli altri a riflettere sulle loro azioni e motivazioni.

**"Immagina":** Chiedere a qualcuno di "immaginare" qualcosa stimola la mente a creare immagini mentali e a collegarsi emotivamente all'argomento in discussione. Questo può rendere le tue idee più persuasive e coinvolgenti.

**"Grazie":** Esprimere gratitudine con un sincero "grazie" può avere un impatto significativo sull'umore e la motivazione degli altri. La gratitudine è stata collegata a una serie di benefici psicologici, tra cui un maggiore benessere emotivo e una maggiore soddisfazione nella vita.

**Parole che evocano emozioni:** Parole che evocano emozioni positive, come "felicità", "amore" e "successo", possono avere un impatto potente sulla psiche degli interlocutori. Queste parole possono creare un'atmosfera positiva e rendere gli altri più aperti alle tue idee.

**Parole che creano urgenza:** Parole come "ora", "presto" e "urgente" possono creare un senso di urgenza e spingere gli altri ad agire. L'uso di queste parole può essere particolarmente efficace nel marketing e nella persuasione.

**Parole che creano autorità:** L'uso di parole che trasmettono autorità, come "esperto", "leader" e "autorevole", può aumentare la tua credibilità agli occhi degli interlocutori. Ciò può rendere le tue idee e opinioni più persuasive e rispettate.

**Parole di condivisione:** L'uso di parole che indicano condivisione, come "insieme", "collaborazione" e "comunità", può creare un senso di appartenenza e unione tra gli interlocutori. Questo può migliorare la cooperazione e il lavoro di squadra all'interno di un gruppo.

In questo capitolo abbiamo esplorato l'importanza di scegliere le parole giuste, le strategie per arricchire il nostro lessico e l'impatto che certe parole possono avere sulla psiche degli interlocutori. Abbiamo anche discusso di come evitare l'uso di parole vaghe e di quali parole possano stimolare una buona conversazione. Ora che abbiamo acquisito una maggiore consapevolezza delle parole e del loro potere, è il momento di applicare queste conoscenze per migliorare le nostre capacità di conversazione.

Nel capitolo seguente esploreremo in profondità le tecniche e le competenze necessarie per diventare comunicatori efficaci e coinvolgenti. Impareremo a padroneggiare l'arte dell'ascolto attivo, a gestire le emozioni durante una discussione e a sviluppare l'empatia per creare connessioni autentiche con gli altri. Prepariamoci dunque ad immergerci in un viaggio entusiasmante per affinare le nostre abilità comunicative e diventare interlocutori di successo.

# Migliorare la tua capacità di conversazione

Benvenuti al capitolo dedicato al raffinamento delle proprie abilità comunicative, dove trasformeremo anche i più timidi e impacciati conversatori in veri e propri maestri del dialogo! Ah, già mi immagino le folle di persone che si radunano attorno a voi, rapite dalle vostre parole. Ma procediamo con calma: *la strada verso il successo comunicativo è costellata di piccoli passi, alcuni dei quali potrebbero farvi inciampare se non prestate attenzione.*

In questo capitolo, ci concentreremo su alcune abilità chiave che vi aiuteranno a diventare degli oratori irresistibili (o almeno delle persone con cui è piacevole conversare). Impareremo l'arte di ascoltare attentamente, perché si, a volte sarà necessario tacere e prestare orecchio ai nostri interlocutori. Scopriremo come rispondere in modo appropriato alle domande, evitando quei momenti di silenzio imbarazzante o, peggio ancora, risposte che fanno precipitare la conversazione nel baratro dell'insignificanza.

Inoltre, esploreremo l'arte di fare domande aperte per approfondire la conversazione e far sentire gli altri apprezzati e compresi. Ma non ci fermiamo qui! Ci addentreremo nel magico mondo dell'umorismo e della narrativa, scoprendo come rendere le nostre conversazioni più interessanti, stimolanti e, perché no, divertenti. Dunque, preparatevi a intraprendere un'avventura comunicativa che vi porterà a navigare tra i meandri delle dinamiche conversazionali, armati di un lessico scintillante e di una presenza avvincente. Mettiamo in pratica ciò che abbiamo appreso nel capitolo precedente e affrontiamo con entusiasmo questa nuova sfida.

## L'importanza di ascoltare attentamente

Parliamo di... Ascoltare? Siamo stati tutti in quella situazione: una conversazione in cui il nostro interlocutore sembra più interessato a parlare di sé che ad ascoltare ciò che abbiamo da dire. È frustrante, no? Eppure, siamo sicuri di non aver mai ricoperto il ruolo di quel fastidioso interlocutore? In questo capitolo, esploreremo l'arte e la scienza dell'ascolto nella conversazione e scopriremo perché un buon ascoltatore rende le sue parole apprezzate a peso d'oro.

L'ascolto attivo è un'abilità che va oltre il semplice sentire ciò che l'altra persona sta dicendo. Si tratta di comprendere, elaborare e rispondere in modo appropriato al messaggio dell'interlocutore. In altre parole, è il segreto per passare da una conversazione "meh" a una che sia degna di una standing ovation.

Prima di tuffarci nei benefici dell'ascolto attivo, è importante comprendere la differenza con il semplice ascolto. L'ascolto normale, o passivo, si verifica quando siamo fisicamente presenti nella conversazione, ma la nostra mente potrebbe essere distratta da pensieri esterni, preoccupazioni o semplicemente dalla nostra lista della spesa. In altre parole, siamo lì, ma non siamo veramente "lì". D'altra parte, l'ascolto attivo va ben oltre la semplice presenza fisica. Si tratta di impegnarsi completamente nel processo di ascolto, dedicando tutta la nostra attenzione e concentrazione a ciò che l'altra persona sta dicendo. L'ascolto attivo significa prestare attenzione non solo alle parole pronunciate, ma anche al tono di voce, al linguaggio del corpo e alle sfumature emotive che emergono durante la conversazione. Inoltre, l'ascolto attivo coinvolge anche il fornire feedback appropriato e rilevante all'interlocutore, dimostrando che stiamo ascoltando e comprendendo ciò che stanno condividendo. Ecco alcune delle principali differenze tra l'ascolto passivo e l'ascolto attivo:

- **Concentrazione**: Durante l'ascolto passivo, la nostra mente può vagare, mentre nell'ascolto attivo, siamo completamente concentrati su ciò che l'altra persona sta dicendo.

- **Empatia**: L'ascolto attivo richiede di mettersi nei panni dell'altra persona e di cercare di comprendere le loro emozioni, le paure e le preoccupazioni. L'ascolto passivo non richiede questo livello di coinvolgimento emotivo.

- **Feedback**: L'ascolto attivo prevede il fornire risposte e feedback pertinenti, mentre l'ascolto passivo può limitarsi a risposte generiche e poco specifiche.

- **Interpretazione**: Durante l'ascolto attivo, cerchiamo di cogliere il significato più profondo di ciò che viene detto, interpretando le sfumature e il contesto delle parole. L'ascolto passivo, invece, si concentra solo sulla superficie delle parole pronunciate.

Ora che abbiamo una comprensione più approfondita dell'ascolto attivo e di come si differenzia dall'ascolto normale, possiamo apprezzare appieno il fascino e i benefici di questa abilità nella comunicazione. Ecco una panoramica più approfondita dei vari vantaggi dell'ascolto attivo:

- **Migliora le relazioni interpersonali:** Quando pratichiamo l'ascolto attivo, dimostriamo empatia e comprensione nei confronti dell'altra persona. Questo rafforza il legame tra i partecipanti alla conversazione e può portare a una maggiore fiducia e intimità nelle relazioni personali e professionali.

- **Previene i fraintendimenti:** L'ascolto attivo ci consente di cogliere il significato più profondo di ciò che viene detto e di interpretare correttamente le intenzioni dell'interlocutore. Questo può ridurre al minimo i malintesi e migliorare la chiarezza nella comunicazione.

- Facilita la risoluzione dei conflitti: Quando siamo in grado di ascoltare attivamente e comprendere il punto di vista di un'altra persona, possiamo affrontare i problemi e risolvere i conflitti in modo più efficace e costruttivo. L'ascolto attivo può aiutare a trovare soluzioni di compromesso e a creare un ambiente di dialogo aperto e onesto.

- **Stimola la crescita personale e professionale:** Ascoltare attivamente gli altri può offrire preziosi spunti e informazioni che possono contribuire alla nostra crescita e sviluppo personale e professionale. Possiamo imparare dalle esperienze e dalle prospettive degli altri, ampliando i nostri orizzonti e acquisendo una maggiore comprensione del mondo che ci circonda.

- **Migliora le abilità di problem-solving:** L'ascolto attivo ci permette di raccogliere informazioni dettagliate e approfondite sulle questioni in discussione. Questo ci fornisce una base solida su cui formulare soluzioni efficaci e creative ai problemi.

- **Aumenta l'autostima e il rispetto reciproco:** Quando ascoltiamo gli altri in modo attivo, dimostriamo il nostro rispetto per le loro opinioni e idee. Questo a sua volta può far sentire gli altri apprezzati e rispettati, aumentando la loro autostima e il rispetto reciproco all'interno della relazione.

- **Promuove una comunicazione efficace:** L'ascolto attivo è fondamentale per una comunicazione di successo. Quando ascoltiamo attentamente e forniamo feedback appropriato, incoraggiamo una comunicazione chiara e comprensibile, il che porta a una maggiore soddisfazione e risultati positivi nelle nostre interazioni con gli altri.

Ecco alcune strategie pratiche per aiutarti a diventare un ascoltatore più attento ed efficace:

- **Rimani presente:** Concentrati sul momento presente e sforzati di rimanere totalmente immerso nella conversazione. Evita di farti distrarre dai pensieri, dalle preoccupazioni o dall'ambiente circostante.

- **Mantieni il contatto visivo:** Stabilire un contatto visivo con il tuo interlocutore è un segno di rispetto e interesse. Questo ti aiuta a rimanere concentrato sulla conversazione e dimostra che stai prestando attenzione.

- **Non interrompere:** Lascia che la persona che parla finisca di esprimere i propri pensieri prima di rispondere o fare domande. Interrompere può far sentire l'altro non ascoltato e frustrato.

- **Fai domande di chiarimento:** Se non sei sicuro di aver capito qualcosa, chiedi ulteriori informazioni o fai domande di chiarimento. Questo dimostra che stai ascoltando attentamente e che ti interessa comprendere appieno ciò che viene detto.

- **Parafrasa ciò che hai sentito:** Ripeti brevemente, con le tue parole, ciò che l'interlocutore ha detto per assicurarti di aver compreso correttamente. Questo aiuta a chiarire eventuali malintesi e mostra che hai prestato attenzione.

- **Mostra empatia e comprensione:** Cerca di metterti nei panni dell'interlocutore e di comprendere le sue emozioni e prospettive. Rispondi con empatia e comprensione, anche se non sei d'accordo con ciò che viene detto.

- **Prendi appunti mentali:** Durante la conversazione, prendi appunti mentali su punti chiave, dettagli importanti e domande che potresti voler porre in seguito. Questo ti aiuta a mantenere la concentrazione e a elaborare una risposta più riflessiva quando è il tuo turno di parlare.

- **Sii consapevole del tuo linguaggio del corpo:** Il tuo linguaggio del corpo può comunicare il tuo livello di interesse e coinvolgimento nella conversazione. Cerca di mantenere una postura aperta e rilassata, annuisci o sorridi quando è appropriato e evita di incrociare le braccia o mostrare segni di distrazione.

- **Pratica l'ascolto attivo ogni giorno:** Come per qualsiasi abilità, l'ascolto attivo migliora con la pratica. Sforzati di applicare queste strategie in tutte le tue conversazioni, sia che si tratti di interazioni casuali o discussioni più serie.

**Esempio 1: In una conversazione tra amici**

- Amico 1: "Sai, ultimamente mi sento davvero stressato per il lavoro."

- Amico 2 (ascoltatore attivo): "Capisco, deve essere difficile. Puoi raccontarmi di più sulle cause dello stress?"

**Esempio 2: In un colloquio di lavoro**

- Candidato: "Durante la mia esperienzaprecedente, ho gestito un team di 10 persone e ho aumentato le vendite del 15%."

- Intervistatore (ascoltatore attivo): "Interessante! Puoi dirmi quali strategie hai utilizzato per ottenere questi risultati?"

**Esempio 3: In una discussione tra partner**

- Partner 1: "Mi sento un po' trascurato ultimamente. Sembra che tu sia sempre troppo occupato per passare del tempo con me."

- Partner 2 (ascoltatore attivo): "Mi dispiace che ti senti così. Dimmi, quali sono i momenti in cui ti senti più trascurato e cosa vorresti che io facessi per migliorare la situazione?"

Migliorare le nostre abilità di ascolto può avere un impatto significativo sulla qualità delle nostre conversazioni e delle nostre relazioni. Ricordatevi che una buona conversazione è come una partita a tennis: *entrambi i giocatori devono essere coinvolti e attenti per mantenere la palla in gioco.*

Quindi, la prossima volta che vi trovate in una conversazione, provate a mettere in pratica le strategie di ascolto attivo che abbiamo discusso nelle pagine precedenti e preparatevi a stupirvi dei risultati! E ora, passiamo al capitolo successivo, *"Come rispondere alle domande"*, dove esploreremo ulteriori tecniche e suggerimenti per rendere ogni conversazione un'esperienza memorabile e gratificante.

# Come rispondere alle domande

Rispondere alle domande può sembrare un compito semplice, ma in realtà richiede un certo livello di maestria per farlo in modo appropriato ed efficace. In questo paragrafo, esploreremo l'arte di rispondere alle domande e impareremo come padroneggiare l'abilità di dare risposte accurate, coinvolgenti e interessanti per l'intervistatore.

- **Valuta la domanda:** Prima di rispondere a una domanda, prenditi un momento per valutare ciò che viene chiesto. Capire il vero significato della domanda ti aiuterà a fornire una risposta più appropriata e pertinente. Ricorda, non tutte le domande sono uguali: alcune potrebbero richiedere una risposta seria e approfondita, mentre altre potrebbero essere l'occasione perfetta per mostrare il tuo lato ironico e divertente.

- **Fai una pausa prima di rispondere:** Prenditi un momento per riflettere sulla domanda e formulare una risposta adeguata. Questo ti darà il tempo di pensare a una risposta accurata e di decidere se è il caso di aggiungere un pizzico di ironia.

- **Sii sincero e onesto:** Quando rispondi a una domanda, è importante essere sinceri e onesti. Anche se stai aggiungendo un tocco di ironia, la tua risposta dovrebbe comunque essere basata sulla verità e fornire informazioni utili all'interlocutore.

- **Adatta il tuo tono al contesto:** Il tono della tua risposta dovrebbe essere adatto al contesto della conversazione e alla personalità del tuo interlocutore. In alcune situazioni, un tono leggermente ironico può aggiungere interesse alla conversazione e far sorridere le persone intorno a te. Tuttavia, in altre circostanze, potrebbe essere più appropriato mantenere un tono serio e rispettoso.

- **Usa l'umorismo con moderazione:** L'ironia e l'umorismo possono essere strumenti potenti per rendere una conversazione più coinvolgente e piacevole. Tuttavia, è importante non esagerare. Assicurati che il tuo umorismo sia sottile e non offensivo, e che non distragga dall'essenza della tua risposta.

- **Sii breve e conciso:** Quando rispondi a una domanda, cerca di essere breve e conciso. Fornisci le informazioni necessarie senza divagare troppo. Ricorda, a volte meno è più, e una risposta breve ma accurata può essere più efficace di una lunga e noiosa spiegazione.

Vediamo alcuni esempi di conversazione realistica con risposte appropriate ed efficaci:

## Esempio 1

A: "Cosa ne pensi del nuovo film di supereroi?"

B: "Beh, è stato come mangiare una pizza con troppi condimenti: c'erano così tanti personaggi che alla fine non sapevo più chi stesse salvando il mondo e chi stesse distruggendo la città."

## Esempio 2

A: "Come stai gestendo il lavoro da casa?"

B: "All'inizio pensavo che lavorare in pigiama fosse il sogno di una vita, ma ora mi rendo conto che la linea tra il lavoro e il tempo libero è diventata così sottile che a volte mi chiedo se stia facendo una videoconferenza o guardando una puntata della mia serie preferita."

## Esempio 3

A: "Come ti trovi con il tuo nuovo capo?"

**B:** "Sai, è come avere una sveglia molto insistente: ti tiene sempre allerta e ti ricorda costantemente cosa devi fare. Però, devo ammettere che ha un'ottima capacità di motivare il team, anche se a volte vorrei mettere il mio capo in modalità silenziosa."

## Come approfondire la conversazione

Nel mondo di conversazioni superficiali e prive di reale interesse che iniziano con il solito *"Come stai?"* e talvolta terminano con un *"Che tempo fa domani?"*, è difficile trovare conversazioni vere e profonde. Ma quando ci immergiamo in discorsi autentici e sinceri, ci rendiamo conto che la magia delle conversazioni profonde sta nel collegarci con gli altri a un livello più intimo, permettendoci di scoprire nuove prospettive e di imparare qualcosa di nuovo.

Le conversazioni autentiche e sincere hanno il potere di creare legami duraturi e di arricchire la nostra comprensione del mondo. Scopriamo le storie e le emozioni delle persone che ci circondano e impariamo a condividere le nostre. Entrare nel vivo della conversazione ci permette dunque di mettere da parte le maschere sociali e di essere autentici e vulnerabili, permettendo così di esplorare e comprendere gli altri e noi stessi in modo più profondo. Tali conversazioni possono avere un impatto significativo sulla nostra vita, sia dal punto di vista personale che professionale. Ecco alcuni esempi e dati che illustrano l'importanza delle conversazioni profonde.

**1)** **Miglioramento del benessere emotivo:** Uno studio condotto nel 2010 da Matthias Mehl dell'Università dell'Arizona ha rilevato che le persone che si impegnano in conversazioni profonde hanno livelli più elevati di felicità e benessere emotivo rispetto a quelle che si limitano a conversazioni superficiali.

Questo perché le conversazioni profonde permettono di esplorare e condividere emozioni, esperienze e pensieri, creando un senso di comprensione e appartenenza.

**Esempio realistico**: Immagina di parlare con un amico di lunga data delle difficoltà che stai affrontando sul lavoro. Invece di fermarti a un semplice "Sto avendo problemi con il mio capo", approfondisci la conversazione e condividi le tue preoccupazioni, paure e frustrazioni. Questo tipo di scambio può rafforzare il vostro legame e aiutarti a sentirsi meglio.


**2)      Creazione di legami più forti**: Le conversazioni profonde aiutano a stabilire legami più forti e duraturi con gli altri. Quando condividiamo pensieri e sentimenti autentici, ci rendiamo vulnerabili e permettiamo agli altri di vedere chi siamo veramente. Questo approfondimento delle relazioni interpersonali può portare a una maggiore soddisfazione nelle relazioni e, in ultima analisi, a una vita più appagante.

**Esempio realistico:** Pensa a una coppia che si impegna in una conversazione profonda sulle loro speranze e paure per il futuro. Questo tipo di scambio può rafforzare il loro legame e portare a una comprensione e a una connessione più profonda tra di loro.

**3)      Sviluppo personale e professionale:** Le conversazioni profonde possono anche contribuire al nostro sviluppo personale e professionale. Quando discutiamo di argomenti complessi e stimolanti con gli altri, siamo spinti a riflettere sulle nostre convinzioni e a esplorare nuove idee. Questo processo di apprendimento e crescita può essere estremamente gratificante e può portare a un maggiore successo nella nostra vita personale e professionale.

**Esempio realistico:** Immagina di avere una conversazione approfondita con un collega sulle ultime tendenze nel vostro settore. Questo scambio vi permetterà di condividere conoscenze e competenze, stimolando la crescita professionale e potenzialmente portando a nuove opportunità di carriera.

Diamo ora un'occhiata alle strategie comunicative che possono rendere la conversazione più profonda e significativa:

**Usare domande aperte efficaci:** Il trucco per scatenare una conversazione profonda sta nel porre domande aperte che richiedono più di una semplice risposta di "sì" o "no". Ad esempio, invece di chiedere "Ti piace il tuo lavoro?", prova a chiedere "Cosa ti appassiona nel tuo lavoro?" o "Qual è stata la tua esperienza lavorativa più gratificante?".

**Linguaggio del corpo:** Un'abilità cruciale per approfondire una conversazione è l'utilizzo corretto del linguaggio del corpo. Mantieni un contatto visivo appropriato, inclinati leggermente verso l'interlocutore e utilizza gesti che trasmettano interesse e apertura. Ricorda che il tuo corpo comunica anche quando le tue parole non lo fanno.

**Ascolta con empatia:** L'ascolto attivo, come abbiamo visto nel capitolo precedente, è fondamentale per approfondire una conversazione. Quando ascolti con empatia, sei in grado di comprendere i sentimenti e le prospettive degli altri, rendendo la conversazione più significativa e coinvolgente.

**Condividi le tue esperienze:** L'autenticità è la chiave per approfondire una conversazione. Condividi le tue esperienze, i tuoi sentimenti e le tue opinioni in modo aperto e onesto, incoraggiando gli altri a fare lo stesso.

**Usa l'umorismo con saggezza:** L'umorismo può essere un ottimo strumento per alleggerire l'atmosfera e creare un ambiente più rilassato in cui le persone si sentono a loro agio per aprirsi.

Tuttavia, è importante utilizzare l'umorismo in modo appropriato e sensibile, evitando di offendere o ridicolizzare gli altri.

## Come utilizzare l'umorismo e la narrativa

L'umorismo e la narrativa sono due ingredienti fondamentali per rendere la comunicazione più avvincente ed emozionante. Quando usati correttamente, possono trasformare anche le conversazioni più banali in scambi memorabili e coinvolgenti. In quest'ultima parte, esploreremo l'importanza dell'umorismo e della narrativa nella comunicazione e scopriremo come utilizzarli in modo efficace per migliorare le nostre abilità comunicative.

L'umorismo ha il potere di creare un'atmosfera positiva e di alleviare lo stress. Può anche migliorare la relazione con gli interlocutori, rendendo la conversazione più fluida e piacevole. Tuttavia, è fondamentale utilizzare l'umorismo in modo appropriato, tenendo conto del contesto e delle persone coinvolte. Immagina di essere in una riunione di lavoro e di voler spezzare il ghiaccio con una battuta. Se la battuta è divertente e adatta al contesto, può aiutare a creare un ambiente più rilassato e a facilitare la comunicazione tra i partecipanti. Ma se la battuta è offensiva o inappropriata, potrebbe avere l'effetto opposto e ostacolare la comunicazione.

La narrativa è invece un'arte antica che coinvolge la creazione e la condivisione di storie. Le storie possono aiutarci a comprendere meglio il mondo che ci circonda e ad esprimere le nostre esperienze e le nostre emozioni. Quando utilizzate in modo efficace, le storie possono rendere la comunicazione più coinvolgente e memorabile. Raccontare un aneddoto personale durante una conversazione può aiutare gli interlocutori a comprendere meglio il tuo punto di vista e a stabilire una connessione emotiva con te. Vediamo alcune strategie pratiche facilmente implementabili per utilizzare con successo l'umorismo e la narrativa per arricchire la tua comunicazione:

- **Conosci il tuo pubblico:** Dedica del tempo a conoscere le persone con cui interagisci, il loro background, i loro interessi e i loro valori. Questo ti permetterà di adattare il tuo umorismo e le tue storie in modo che siano rilevanti e apprezzati dall'audience. Inoltre, presta attenzione alle reazioni delle persone durante la conversazione, in modo da poter adattare il tono e il contenuto delle tue battute e storie in base alle loro risposte.

- **Sviluppa il tuo stile:** Esplora diversi tipi di umorismo e narrativa per scoprire quali funzionano meglio per te. Questo potrebbe includere l'umorismo sarcastico, l'umorismo autoironico, le storie personali, le storie comiche o le situazioni esilaranti. Una volta individuato il tuo stile, lavora per perfezionarlo e renderlo un elemento distintivo della tua comunicazione.

- **Utilizza il linguaggio del corpo:** Sfrutta al meglio il tuo linguaggio del corpo per rendere le tue battute e storie ancora più coinvolgenti. Utilizza il contatto visivo per creare un'atmosfera di connessione con il tuo interlocutore, gestisci il tuo tono di voce per enfatizzare i punti salienti delle tue storie e impiega gesti e movimenti per dare vita alle tue parole. Ricorda che una buona comunicazione non verbale può migliorare notevolmente l'effetto delle tue battute e storie.

- **Sii autentico:** Le persone sono più inclini a rispondere positivamente all'umorismo e alle storie che percepiscono come autentiche e sincere. Evita di forzare battute che non ti suonano naturali o di raccontare storie che non ti rappresentano veramente. Invece, attingi alle tue esperienze personali e ai tuoi interessi per creare un'atmosfera di autenticità e coinvolgimento. Inoltre, ammetti apertamente quando una battuta o una storia non funziona come speravi, dimostrando la tua umanità e la tua capacità di imparare dai tuoi errori.

- **Osserva e impara dagli altri:** Presta attenzione a come le persone che ritieni comunicatori efficaci utilizzano l'umorismo e la narrativa nelle loro conversazioni. Cerca di capire cosa rende le loro battute e storie coinvolgenti e memorabili e cerca di incorporare questi elementi nel tuo stile.

- **Sii sensibile al contesto:** Valuta attentamente il contesto della conversazione prima di utilizzare l'umorismo e la narrativa. In alcune situazioni, potrebbe essere più appropriato mantenere un tono serio e formale. In altre, potrebbe essere il momento giusto per aggiungere un po' di leggerezza e intrattenimento.

- **Non aver paura di fallire:** Utilizzare l'umorismo e la narrativa in modo efficace può richiedere un po' di sperimentazione. Non aver paura di commettere errori e di imparare da essi. Anche se una battuta o una storia non ottengono la risposta che speravi, rifletti su ciò che potresti fare diversamente la prossima volta per ottenere un risultato migliore.

- **Sii selettivo**: Non tutte le conversazioni richiedono l'uso dell'umorismo e della narrativa. Sii selettivo e utilizza queste tecniche solo quando ritieni che possano migliorare la comunicazione e rafforzare la connessione con gli interlocutori.

- **Ascolta il feedback:** Presta attenzione alle reazioni delle persone quando utilizzi l'umorismo e la narrativa nelle conversazioni. Il feedback, sia verbale che non verbale, ti aiuterà a capire se le tue battute e le tue storie sono efficaci e quali aspetti potrebbero essere migliorati.

- **Pratica, pratica, pratica:** Come per qualsiasi altra abilità, la pratica è fondamentale per migliorare il tuo uso dell'umorismo e della narrativa nella comunicazione. Prenditi il tempo per esercitarti a raccontare barzellette e storie e cerca di migliorare la tua tempistica e la tua capacità di leggere il pubblico.

Seguendo queste strategie pratiche, sarai in grado di utilizzare l'umorismo e la narrativa in modo efficace per migliorare la tua capacità di comunicazione e creare conversazioni più coinvolgenti e memorabili. Ricorda che, come per qualsiasi altra abilità, la pratica è fondamentale, quindi non esitare a sperimentare e a imparare dai tuoi successi e insuccessi.

# Gestione dell'ansia e dello stress nella comunicazione

Benvenuti nel capitolo che esplorerà la "Gestione dell'ansia e dello stress nella comunicazione"! Se siete qui, è probabile che abbiate avuto un'esperienza o due (o cento) che vi hanno fatto sudare freddo, tremare come un frullatore, o magari lasciato senza parole - *letteralmente* - mentre cercavate di comunicare qualcosa. Non temere, caro lettore, sei in buona compagnia. *Chi non si è mai sentito nervoso prima di un discorso importante, un colloquio di lavoro o, peggio ancora, un appuntamento galante?*

In questo capitolo, impareremo insieme a trasformare quei momenti di panico in pura magia comunicativa, o almeno a sopravvivere senza troppi danni. Esploreremo le cause dell'ansia e dello stress nella comunicazione, e ci addentreremo nel vasto mondo delle strategie per affrontare queste emozioni scomode. Dalle tecniche di rilassamento e respirazione alle pause strategiche e all'importanza di avere una rete di supporto, scopriremo tutti i trucchi del mestiere per diventare dei veri esperti nella gestione dello stress comunicativo. Perciò, preparatevi a dare il benvenuto a un nuovo voi, pronto ad affrontare il palcoscenico della vita con un sorriso sul volto e un pizzico di autoironia, perché nessuna situazione comunicativa vi farà più paura. Mettetevi comodi, rilassatevi e lasciate che questa avventura nella gestione dell'ansia e dello stress nella comunicazione abbia inizio.

# L'importanza di gestire ansia e stress

L'ansia e lo stress sono emozioni comuni che tutti sperimentiamo nel corso della nostra vita. Nel contesto della comunicazione, è fondamentale comprendere l'importanza di gestire queste emozioni per garantire una comunicazione efficace e costruttiva. La gestione dell'ansia e dello stress non solo migliora la qualità delle interazioni con gli altri, ma contribuisce anche al nostro benessere generale. L'ansia e lo stress possono influenzare negativamente la comunicazione in diversi modi:

- Distrazione: la preoccupazione e l'agitazione causate dall'ansia e dallo stress possono distogliere l'attenzione dalle informazioni importanti durante una conversazione.

- Comprensione limitata: lo stress e l'ansia possono rendere difficile comprendere e interpretare correttamente ciò che gli altri stanno dicendo.

- Espressione inadeguata: lo stress e l'ansia possono influenzare il modo in cui ci esprimiamo verbalmente e non verbalmente, portando a malintesi e confusione.

- Barriere emotive: lo stress e l'ansia possono creare barriere emotive tra noi e gli altri, rendendo difficile stabilire una connessione empatica e costruttiva.

Per gestire efficacemente i nostri moti interiori, entra in gioco un concetto davvero pontente: la teoria dell'empatia. Questa sostiene che l'abilità di comprendere e condividere i sentimenti altrui è fondamentale per una comunicazione efficace e costruttiva. Gestire l'ansia e lo stress è cruciale in questo processo, poiché tali emozioni possono ostacolare la nostra capacità di essere empatici e presenti nelle interazioni con gli altri. Quando l'ansia e lo stress vengono gestiti in modo efficace, si crea uno spazio emotivo sicuro che facilita la comprensione reciproca e l'accettazione, promuovendo una comunicazione più autentica ed efficace.

Inoltre, la ricerca ha dimostrato che l'empatia ha un impatto positivo sulla comunicazione interpersonale, migliorando la qualità delle relazioni e la soddisfazione personale. La gestione dell'ansia e dello stress è essenziale per permettere di mantenere un atteggiamento empatico e aperto verso gli altri, il che porta a una maggiore comprensione delle loro esperienze e sentimenti. Questo tipo di comunicazione, basata sull'empatia e sulla gestione delle emozioni, favorisce un clima di collaborazione, rispetto e supporto reciproco, contribuendo al successo e al benessere sia a livello individuale che collettivo. Per utilizzare la teoria dell'empatia in modo pratico al fine di vincere l'ansia e lo stress e migliorare le proprie capacità comunicative puoi seguire questi passaggi:

- Ascolto attivo: Praticare l'ascolto attivo, concentrandosi attentamente sulle parole e sul linguaggio non verbale degli altri, per comprendere veramente ciò che stanno comunicando. Questo implica evitare di interrompere, formulare risposte mentali o distrarsi durante la conversazione.

- Riflessione emotiva: Riflettere sulle proprie emozioni e sulle emozioni degli altri durante una conversazione. Riconoscere e convalidare i sentimenti altrui, esprimendo comprensione ed empatia.

- Comunicazione non verbale empatica: Utilizzare il linguaggio del corpo, come il contatto visivo, i gesti rassicuranti e l'inclinazione del corpo verso l'interlocutore, per dimostrare empatia e coinvolgimento nella conversazione.

- Autoregolazione emotiva: Imparare a gestire le proprie emozioni, specialmente l'ansia e lo stress, attraverso tecniche di rilassamento come la respirazione profonda, la mindfulness o la meditazione. Mantenere la calma e il controllo delle proprie emozioni permette di essere più empatici e presenti nelle interazioni con gli altri.

- Condivisione vulnerabile: Essere disposti a condividere le proprie emozioni e esperienze con gli altri, creando un ambiente di fiducia e comprensione reciproca. La condivisione vulnerabile consente ai partecipanti di sentirsi a proprio agio nel discutere i propri sentimenti e preoccupazioni.

- Offrire sostegno: Quando si riconosce che qualcuno sta vivendo ansia o stress, offrire supporto e incoraggiamento. Questo può includere offrire ascolto e comprensione, condividere esperienze simili o offrire consigli, se richiesto.

- Pratica e sviluppo: L'empatia è una competenza che può essere migliorata con la pratica e l'esperienza. Continuare a lavorare sulle proprie capacità empatiche e di comunicazione in diverse situazioni e con persone diverse per sviluppare una maggiore consapevolezza e sensibilità alle emozioni altrui.

Incorporando questi passaggi nella propria comunicazione quotidiana, si può utilizzare la teoria dell'empatia in modo pratico per vincere l'ansia e lo stress e migliorare le proprie capacità comunicative, creando relazioni più profonde e soddisfacenti.

## Le cause dell'ansia e dello stress comunicativo

Le cause dell'ansia e dello stress comunicativo possono essere varie e complesse. In questo paragrafo esploreremo alcune delle paure e insicurezze personali, delle aspettative e delle pressioni sociali, e delle esperienze passate più comuni che possono influenzare la nostra capacità di comunicare efficacemente e serenamente. Diamo un'occhiata alle ragioni che stanno alla base dell'ansia e dello stress nella comunicazione.


## Paure e insicurezze personali

- Paura del giudizio altrui: Uno dei motivi principali che ci rende ansiosi e stressati nella comunicazione è la paura del giudizio altrui. Ci preoccupiamo di ciò che gli altri pensano di noi, delle nostre idee e delle nostre competenze.

- Insicurezze riguardo le proprie competenze comunicative: Alcune persone possono sentirsi insicure riguardo alle loro abilità comunicative, il che può portare a un aumento dell'ansia e dello stress durante la conversazione.

- Insicurezze legate all'immagine di sé: A volte, l'ansia e lo stress nella comunicazione possono derivare da insicurezze legate alla nostra immagine di sé e al modo in cui ci percepiamo.


## Aspettative e pressioni sociali

- Ruoli e responsabilità: In certi contesti, potremmo sentirci sotto pressione per adempiere a specifici ruoli o responsabilità sociali, il che può creare ansia e stress nella comunicazione.

- Conformità alle norme sociali: La società ha delle regole non scritte che stabiliscono come dovremmo comportarci in determinate situazioni. Queste aspettative possono creare pressioni che aumentano l'ansia e lo stress nella comunicazione.

- Competizione e confronto: In alcuni contesti, la comunicazione può diventare competitiva, e il confronto con gli altri può portare a un aumento dell'ansia e dello stress.

*Esperienze passate*

- Traumi e abusi: Le persone che hanno subito traumi o abusi possono sviluppare una maggiore ansia e stress nella comunicazione, poiché possono temere di rivivere quelle esperienze.

- Fallimenti comunicativi: Esperienze passate di fallimenti comunicativi, come discorsi pubblici andati male o interazioni sociali imbarazzanti, possono aumentare l'ansia e lo stress nelle situazioni comunicative future.

- Condizionamento sociale e familiare: A volte, le nostre esperienze passate con la famiglia, gli amici o altre figure significative possono aver creato convinzioni limitanti e paure riguardo alla comunicazione, portando a un aumento dell'ansia e dello stress nelle interazioni sociali.

## Strategie ed esercizi efficaci per vincere ansia e stress

La gestione dell'ansia e dello stress nella comunicazione può sembrare un compito arduo, ma con le giuste strategie e gli esercizi adatti, è possibile superare questi ostacoli e migliorare la propria abilità comunicativa. In questo capitolo, esploreremo una serie di metodi pratici per aiutarti a vincere l'ansia e lo stress nella comunicazione, fornendo esempi realistici e scenari di vita reale per facilitarne la comprensione ed implementarli facilmente nel tuo quotidiano.

**Creare un rituale di rilassamento personalizzato:** Prima di iniziare una conversazione o un discorso particolarmente importante, dedica del tempo a sviluppare un rituale di rilassamento personalizzato che ti aiuti a calmare la mente e il corpo. Ad esempio, potresti dedicare cinque minuti a praticare la respirazione profonda, seguita da una visualizzazione positiva della conversazione o dell'evento imminente. Il rituale può anche includere l'ascolto di una canzone rilassante o l'applicazione di oli essenziali per favorire la calma.

**Utilizzare la tecnica del "pensiero distorsione":** Quando ti accorgi di avere pensieri negativi che causano ansia e stress, applica la tecnica del "pensiero distorsione" per sfidare e sostituire questi pensieri con alternative più realistiche e positive. Ad esempio, se temi di fare una brutta figura durante una presentazione, sostituisci questo pensiero con uno più realistico, come "Ho preparato bene la presentazione e posso gestire eventuali imprevisti."

**Abbracciare la vulnerabilità:** Riconosci che è normale provare ansia e stress durante la comunicazione, specialmente in situazioni nuove o impegnative. Abbracciare la vulnerabilità ti permetterà di accettare le tue emozioni e di affrontare la situazione con maggiore autenticità e coraggio. Ricorda che anche le persone più esperte nella comunicazione possono provare ansia e stress, ma ciò non impedisce loro di avere successo.

**Praticare l'arte dell'improvvisazione:** L'improvvisazione è una potente strategia per affrontare l'ansia e lo stress nella comunicazione. Prendi parte a corsi di improvvisazione teatrale per imparare a pensare rapidamente, adattarti a situazioni impreviste e gestire l'ansia con creatività e umorismo.

L'improvvisazione può aiutarti a sviluppare maggiore fiducia nelle tue capacità comunicative e a ridurre l'ansia e lo stress.

**Affrontare le situazioni di comunicazione difficili in piccoli passi:** Invece di evitare situazioni di comunicazione che causano ansia e stress, affrontale in piccoli passi. Ad esempio, se parlare in pubblico ti mette ansia, inizia con presentazioni brevi e informali davanti a un piccolo gruppo di persone, e poi progredisci verso situazioni più impegnative. Questo approccio graduale ti aiuterà a costruire la tua fiducia e a ridurre l'ansia e lo stress.

**Creare un "kit di sopravvivenza" per la comunicazione:** Prepara un kit di sopravvivenza per la comunicazione che contenga oggetti e strategie per aiutarti a gestire l'ansia e lo stress. Questo kit potrebbe includere una bottiglietta d'acqua per idratarti, una pallina anti-stress per alleviare la tensione, una lista di domande di riserva per riavviare una conversazione o un promemoria visivo delle tue tecniche di rilassamento preferite. Avere un kit di sopravvivenza a portata di mano ti darà un senso di controllo e ti aiuterà a gestire l'ansia e lo stress durante la comunicazione.

**Creare una rete di supporto:** Condividi le tue preoccupazioni e paure riguardo alla comunicazione con amici, familiari o colleghi che possono offrirti supporto e incoraggiamento. Loro potrebbero condividere le proprie esperienze e consigli su come hanno gestito l'ansia e lo stress nelle situazioni di comunicazione simili. Sapere che non sei solo nel tuo percorso può aiutare a ridurre l'ansia e lo stress.

**Praticare l'autocompassione:** Tratta te stesso con gentilezza e comprensione quando affronti l'ansia e lo stress nella comunicazione. Riconosci che nessuno è perfetto e che commettere errori è parte del processo di apprendimento. Invece di criticarti duramente, cerca di imparare dai tuoi errori e di utilizzare queste esperienze per migliorare le tue abilità comunicative.

**Monitorare i progressi e celebrare i successi:** Tieni traccia dei tuoi progressi nel gestire l'ansia e lo stress nella comunicazione e celebra i tuoi successi lungo il percorso. Anche i piccoli miglioramenti, come parlare con più sicurezza durante una riunione o fare una domanda in un'aula affollata, meritano di essere riconosciuti e celebrati. Questo rafforzerà la tua fiducia nelle tue capacità comunicative e ti aiuterà a ridurre l'ansia e lo stress.

**Ricordare di respirare:** Quando ti accorgi di sentirti ansioso o stressato durante una conversazione, prenditi un momento per concentrarti sulla tua respirazione. Pratica la respirazione diaframmatica, inspirando lentamente ed espirando completamente. Questo aiuterà a calmare il sistema nervoso, a ridurre i sintomi dell'ansia e dello stress e a migliorare la tua capacità di comunicare in modo efficace.

Incorporando queste strategie e consigli nella tua vita quotidiana, sarai in grado di gestire meglio l'ansia e lo stress nella comunicazione e di diventare un comunicatore più sicuro ed efficace. Vediamo ora cinque semplici ma potenti esercizi che potrai ripetere ogni giorno per

## *Esercizio #1: Visualizzazione guidata*

Presentazione: La visualizzazione guidata è un potente strumento per alleviare l'ansia e lo stress. Questo esercizio ti aiuta a immaginare te stesso in una situazione di comunicazione rilassata e sicura, aumentando la tua autostima. Come farlo:

- Trova un luogo tranquillo dove puoi sederti o sdraiarti comodamente senza essere disturbato.

- Chiudi gli occhi e inizia a respirare lentamente e profondamente.

- Immagina di trovarti in un ambiente sicuro e confortevole, circondato da persone che ti supportano e ti incoraggiano.

- Visualizza te stesso che comunichi con sicurezza e facilità, senza ansia o stress.

- Mentre mantieni questa immagine nella tua mente, continua a respirare profondamente per alcuni minuti.

- Quando ti senti pronto, riapri gli occhi e torna al presente.

**Perché è efficace:** La visualizzazione guidata aiuta a creare un'immagine mentale positiva di te stesso mentre comunichi con successo, rafforzando la tua fiducia e riducendo l'ansia e lo stress.

## Esercizio #2: Pratica della gratitudine

Presentazione: La gratitudine è un potente antidoto all'ansia e allo stress. Concentrandoti su ciò per cui sei grato, ti sentirai più sicuro e positivo. Come farlo:

- Prendi un taccuino e una penna.

- Ogni giorno, scrivi almeno tre cose per cui sei grato, inerenti alle tue abilità comunicative o alle interazioni sociali.

- Rifletti su questi punti di gratitudine e pensa a come ti fanno sentire.

- Ripeti questo esercizio quotidianamente per almeno due settimane.

**Perché è efficace:** La pratica della gratitudine ti aiuta a concentrarti sugli aspetti positivi della tua vita, aumentando la tua autostima e riducendo l'ansia e lo stress nella comunicazione.

## Esercizio #3: Role-play

Presentazione: Il role-play è un modo efficace per affrontare l'ansia e lo stress nella comunicazione, mettendoti nella situazione e praticando le tue abilità comunicative in un ambiente sicuro e controllato. Come farlo:

- Trova un amico o un familiare disposto a collaborare.

- Scegli una situazione di comunicazione che ti mette ansia o stress.

- Recita la situazione con il tuo partner, mettendo in pratica le tecniche di comunicazione efficace che hai appreso.

- Dopo aver terminato il role-play, discuti con il tuo partner su cosa è andato bene e cosa potresti migliorare.

- Ripeti il role-play con diverse situazioni per migliorare ulteriormente le tue abilità comunicative.

Perché è efficace: Il role-play ti offre l'opportunità di praticare le tue abilità comunicative in un ambiente sicuro e senza giudizio, aumentando la tua fiducia e riducendo l'ansia e lo stress.

## Esercizio #4: Tecnica del 5-4-3-2-1

Presentazione: La tecnica del 5-4-3-2-1 è un esercizio di consapevolezza sensoriale che ti aiuta a riconnetterti con il momento presente e a ridurre l'ansia e lo stress. Come farlo:

- Trova un luogo tranquillo dove puoi sederti o sdraiarti comodamente senza essere disturbato.

- Prenditi un momento per concentrarti sulla tua respirazione e rilassare il corpo.

- Ora, inizia a notare il tuo ambiente utilizzando i tuoi sensi:

a. Nomina mentalmente 5 cose che puoi vedere.

b. Nomina 4 cose che puoi toccare.

c. Nomina 3 cose che puoi sentire.

d. Nomina 2 cose che puoi annusare.

e. Nomina 1 cosa che puoi assaporare.

- Continua a respirare profondamente mentre esplori i tuoi sensi e ti riconnetti con il momento presente.

- Concludi l'esercizio ritornando alla tua respirazione e al tuo corpo.

**Perché è efficace:** La tecnica del 5-4-3-2-1 ti aiuta a distogliere l'attenzione dai pensieri ansiosi e a concentrarti sul momento presente, riducendo l'ansia e lo stress nella comunicazione.


## Esercizio #5: Affrontare le critiche interiori

Presentazione: Le critiche interiori possono alimentare l'ansia e lo stress nella comunicazione. Questo esercizio ti aiuta a riconoscere e sfidare questi pensieri negativi. Come farlo:

- Prendi un taccuino e una penna.

- Ogni volta che noti un pensiero negativo o autocritico riguardo alle tue abilità comunicative, scrivilo nel taccuino.

- Per ogni pensiero negativo, scrivi una controcritica positiva e realistica. Ad esempio, se il pensiero negativo è "Sono un pessimo oratore", la controcritica potrebbe essere "Ho migliorato le mie capacità di parlare in pubblico e sto continuando a imparare".

- Pratica questo esercizio quotidianamente per almeno due settimane, notando come i tuoi pensieri si trasformano nel tempo.

**Perché è efficace:** Affrontare le critiche interiori ti permette di riconoscere e sfidare i pensieri negativi che alimentano l'ansia e lo stress nella comunicazione, sostituendoli con affermazioni positive e realiste.

# Public Speaking

Nel grande teatro della vita, è possibile trovarsi di fronte una platea, pronunciare discorsi e affrontare il tanto temuto "Public Speaking". Quell'arte misteriosa e apparentemente inafferrabile che, se padroneggiata, può trasformare una persona comune in un vero e proprio mago delle parole, capace di incantare e ispirare il pubblico con i propri discorsi. Ma non preoccuparti, caro lettore, per conquistare la platea (di qualsiasi genere o volume) non serve essere un moderno Cicerone. Anzi, potrebbe bastare un pizzico di preparazione, un filo di ironia e, perché no, una manciata di segreti svelati in questo capitolo per trasformarvi in oratori capaci di catturare l'attenzione anche del più distratto tra gli spettatori.

In questo capitolo, ci addentreremo nel cuore pulsante del public speaking, esplorando le sue innumerevoli sfaccettature e i suoi mille volti. Scopriremo come, con un po' di dedizione, è possibile padroneggiare l'arte di parlare in pubblico e di affascinare le folle con le nostre parole, senza dover ricorrere a misteriosi incantesimi o tecniche dalla dubbia efficacia. Nelle prossime pagine conosceremo gli eroi e gli antagonisti di questa arte, impareremo le loro tecniche e i loro segreti, e scopriremo come utilizzare al meglio queste conoscenze per arricchire la nostra comunicazione e conquistare il pubblico.

Che siate principianti in cerca di consigli per affrontare la vostra prima conferenza o esperti oratori in cerca di nuove idee per migliorare la vostra performance, questo capitolo è pronto a offrirvi una guida dettagliata e ironica per trasformarvi nei maestri del public speaking che avete sempre sognato di essere. Quindi, preparatevi a immergervi in un'avventura straordinaria, in cui le parole saranno le vostre armi e il vostro coraggio il vostro scudo, per affrontare la sfida più entusiasmante e gratificante: *conquistare il cuore e la mente del vostro pubblico.*

## Le basi del Public Speaking

Il public speaking è un'abilità essenziale nella vita di tutti i giorni, sia che si tratti di presentare un progetto sul lavoro, di esporre un'idea in una riunione di condominio o di fare il discorso di apertura al matrimonio del vostro migliore amico. Essere in grado di esprimere le proprie idee in modo chiaro e convincente di fronte ad una platea di persone è fondamentale per guadagnare rispetto, influenzare gli altri e raggiungere i propri obiettivi.

Un buon public speaker non solo riesce a trasmettere il suo messaggio in modo efficace, ma anche a coinvolgere e persuadere il pubblico. Quando si parla di fronte una platea di persone, si ha l'opportunità di condividere conoscenze, ispirare gli altri e persino cambiare il corso delle cose. Pensate a come alcuni discorsi storici abbiano avuto un impatto duraturo sulla società: le parole, quando pronunciate con passione e competenza, hanno il potere di spostare montagne (metaforiche, ovviamente). Inoltre, essere bravi nel public speaking può aprire nuove opportunità professionali e personali, migliorare la fiducia in se stessi e aiutare a sviluppare relazioni solide. Insomma, padroneggiare l'arte del public speaking è un investimento che vale la pena fare. E se pensate che sia solo per politici, imprenditori e celebrità, ripensateci! In realtà, ogni volta che parliamo a un gruppo di persone, stiamo praticando l'arte del public speaking. Se siete tra coloro che pensano *"Mai nella vita mi troverò a parlare davanti a un pubblico!"*, vi avverto: la vita è piena di sorprese e, prima o poi, toccherà anche a voi probabilmente.

## Le regole essenziali

Il public speaking è un'arte che richiede non solo una padronanza della lingua, ma anche una profonda comprensione delle dinamiche umane. Per diventare un oratore efficace e coinvolgente, è essenziale seguire alcune regole fondamentali che vi permetteranno di catturare l'attenzione del pubblico e di comunicare in modo chiaro ed efficace. Prepariamoci ad esplorare il magico mondo del public speaking, dove l'eloquenza, la presenza scenica e quel pizzico di ironia si combinano per creare discorsi indimenticabili e stimolanti. Vediamo insieme quali sono le regole essenziali su cui si basa:

*Conoscere e conquistare il proprio pubblico*

Prima di mettervi di fronte al vostro pubblico, è essenziale raccogliere quante più informazioni possibili. Comprendere le loro esigenze, i loro interessi e il loro background vi aiuterà a creare un discorso che sia rilevante e coinvolgente. Per farlo, potete fare una ricerca preliminare, chiedere a chi vi ha invitato a parlare o, se possibile, parlare direttamente con alcuni membri del pubblico.

Una volta che avete raccolto queste informazioni, potete adattare il vostro discorso per rispondere alle aspettative del pubblico e creare un legame emotivo con loro. Utilizzate esempi, storie e terminologia che siano familiari e interessanti per gli ascoltatori. Ricordate, il vostro obiettivo non è solo informare, ma anche emozionare e persuadere.

## La struttura di un discorso vincente

Un discorso ben strutturato è fondamentale per coinvolgere il pubblico e trasmettere il vostro messaggio in modo efficace. In generale, un buon discorso dovrebbe seguire questa struttura:

- Introduzione: catturate l'attenzione del pubblico fin dall'inizio con una domanda provocatoria, una citazione interessante o un aneddoto personale. Presentatevi e spiegate l'obiettivo del vostro discorso.

- Sviluppo: presentate le vostre idee in modo chiaro e organizzato, suddividendo il vostro argomento in sezioni o punti chiave. Utilizzate esempi, dati e testimonianze per sostenere le vostre affermazioni e rendere il vostro discorso più convincente.

- Conclusione: riassumete i punti principali del vostro discorso e sottolineate il messaggio che volete che il pubblico ricordi. Chiudete con un appello all'azione, una citazione ispiratrice o un pensiero provocatorio che lasci un'impressione duratura.

## Trasformare la paura in energia

È naturale provare ansia prima di parlare in pubblico, ma non lasciate che la paura vi impedisca di dare il meglio di voi. Prima di salire sul palco, fate alcuni esercizi di respirazione profonda o di rilassamento muscolare per calmare i nervi. Poi, mentre parlate, immaginate di trasformare l'energia nervosa in entusiasmo e passione per il vostro argomento. Ricordate che il pubblico è lì per ascoltarvi e, nella maggior parte dei casi, vi sostiene e vuole che abbiate successo. Quindi, concentratevi sul vostro messaggio e sul valore che state offrendo agli ascoltatori, piuttosto che sulle vostre paure e insicurezze.

## Tecniche di oratoria

La voce e il linguaggio del corpo sono strumenti potenti che possono aiutarvi a trasmettere il vostro messaggio e a stabilire un legame con il pubblico. Ecco alcuni suggerimenti per migliorare le vostre abilità di oratoria:

- Modulate la voce: variate il tono, il volume e il ritmo del vostro parlato per mantenere l'attenzione del pubblico e sottolineare i punti importanti. Fate una pausa dopo aver fatto un'affermazione significativa per dar tempo al pubblico di assorbire l'informazione.

- Mantenete un contatto visivo: guardate il vostro pubblico negli occhi per mostrare interesse e coinvolgimento. Il contatto visivo aiuta anche a stabilire un legame emotivo con gli ascoltatori e a trasmettere sincerità e autenticità.

- Usate gesti ed espressioni facciali: i gesti delle mani e le espressioni del viso possono rafforzare il vostro messaggio e aggiungere enfasi alle vostre parole. Tuttavia, evitate di esagerare o di usare gesti eccessivamente ampi che possano distrarre il pubblico.

## Il potere dell'umorismo e della narrativa

L'umorismo e la narrativa sono strumenti potenti che possono rendere il vostro discorso più coinvolgente e memorabile. Ecco come utilizzarli con successo:

- Scegliete storie e barzellette pertinenti: assicuratevi che le storie e le battute che raccontate siano rilevanti per il vostro argomento e per il pubblico. Un aneddoto personale o una storia divertente può aiutare a rendere il vostro discorso più accessibile e umano.

- Perfezionate la vostra capacità di raccontare storie

- Perfezionate la vostra capacità di raccontare storie: lavorate sulla struttura, il ritmo e l'impatto emotivo delle vostre storie per renderle più avvincenti. Ricordate che una buona storia ha un inizio, uno sviluppo e una conclusione, e coinvolge il pubblico a livello emotivo.

- Dosate l'umorismo: utilizzate l'umorismo con moderazione e assicuratevi che sia appropriato per il contesto e il pubblico. Una battuta ben piazzata può rilassare l'atmosfera e rendere il vostro discorso più piacevole, ma l'umorismo forzato o inappropriato può risultare controproducente.

## Gestire le domande e le obiezioni

Il momento delle domande e delle obiezioni è cruciale per dimostrare la vostra competenza e la solidità delle vostre argomentazioni. Ecco alcuni consigli per affrontare questo momento con successo:

- Ascoltate attentamente: quando vi viene posta una domanda, ascoltate attentamente e assicuratevi di aver capito la domanda prima di rispondere. Se necessario, chiedete chiarimenti o riformulate la domanda per conferma.

- Rispondete in modo chiaro e conciso: cercate di rispondere alle domande in modo diretto e conciso, senza divagare o evitare il punto. Se non conoscete la risposta, ammettetelo onestamente e offritevi di trovare l'informazione in seguito.

- Mantenete la calma e la cortesia: se vi trovate di fronte a obiezioni o critiche, mantenete la calma e rispondete in modo educato e rispettoso. Ricordate che l'obiettivo è di informare e persuadere il pubblico, non di vincere una battaglia verbale.

- Preparatevi in anticipo: prima del vostro discorso, pensate alle possibili domande e obiezioni che potreste ricevere e preparate delle risposte appropriate. Questo vi aiuterà a sentirvi più sicuri e a rispondere in modo più efficace durante la sessione di domande e risposte.

## Come prepararsi per parlare in pubblico

Parlare in pubblico, quel terribile incubo che tormenta molti di noi, spaventandoci al solo pensiero di dover affrontare una platea attenta e giudicatrice. Eppure, con la giusta preparazione, l'arte del public speaking può diventare un'esperienza gratificante e persino divertente. Vediamo insieme come prepararci per affrontare il palcoscenico con sicurezza e determinazione.

**Conosci il tuo argomento:**

- Effettua ricerche approfondite: Consulta fonti affidabili per raccogliere dati, statistiche e informazioni pertinenti al tuo argomento.

- Organizza le tue idee: Crea una scaletta chiara e logica per il tuo discorso, evidenziando i punti chiave e le transizioni tra le sezioni.

- Sii pronto ad adattarti: Mantieniti aggiornato sulle ultime novità relative al tuo argomento e sii pronto a modificare il tuo discorso se necessario.

**Pratica prima di tutto:**

- Registra te stesso: Utilizza uno smartphone o una videocamera per registrare le tue prove, in modo da poter analizzare e migliorare la tua performance.

- Chiedi feedback: Condividi le tue registrazioni o esibizioni dal vivo con amici e familiari per ricevere suggerimenti e critiche costruttive.

- Simula le condizioni reali: Esercitati a parlare di fronte a uno specchio o con un microfono per abituarti all'esperienza del public speaking.

**Gestisci il tempo:**

- Suddividi il tuo discorso in sezioni: Assegna un tempo specifico a ciascuna sezione, tenendo presente l'equilibrio tra introduzione, corpo e conclusione.

- Utilizza un cronometro durante le prove: Monitora il tempo impiegato per ciascuna sezione e apporta modifiche se necessario.

- Prepara un piano B: Avere una versione più breve del tuo discorso pronta nel caso in cui il tempo a tua disposizione sia ridotto all'ultimo momento.

**Prendi confidenza con il luogo:**

- Arriva in anticipo: Presentati sul luogo dell'evento con largo anticipo per avere tempo di familiarizzare con l'ambiente.

So che molti di voi non sono grandi fan del parlare in pubblico. Anzi, probabilmente per alcuni di voi si tratta della paura numero uno. Effettivamente, che si tratti di una conferenza o di una breve presentazione, ci vuole una bella faccia tosta per tenere un discorso di fronte a tutti quegli sguardi puntati. Credo che il problema sia che molti di voi ci pensano troppo. Ecco quindi alcuni consigli che vi aiuteranno a creare un po' di fiducia in voi stessi e a far sì che parlare in pubblico vi risulti più naturale.

## 1. Attenersi a ciò che si conosce

C'è un'ottima ragione per cui molti dei miei speech vengono reputati validi: *mi attengo sempre a ciò che conosco*. Il motivo per cui non ho bisogno di slide e per cui mi trovo così a mio agio davanti al pubblico è perché rimango nella mia area di expertise. Il problema sorge quando le persone cercano di essere ciò che non sono: cercano di parlare di argomenti o di affermare di essere esperti prima di aver fatto qualcosa. Così succede che quando salgono sul palco e iniziano a parlare, si bloccano. È per questo che non mi sento a mio agio nel rispondere a domande su argomenti come la politica estera o i Bitcoin. Sia sul palco che nella vita di tutti i giorni, sono molto trasparente nel riconoscere qualcosa che non conosco ed evitare di parlarne. Finché ci si attiene alla propria esperienza e competenza personale, si può avere la sicurezza di parlare delle proprie intuizioni. Finché si è pratici di ciò che si comunica, si è in grado di esprimere la propria opinione in modo eloquente perché supportata dalle proprie consapevolezze.

## 2. Presentarsi con umiltà

Se siete stati o avete ascoltato qualche convention, probabilmente saprete che, come prima cosa, l'abile presentatore *"leggerà la sala"* per vedere quante persone lo conoscono già. Di solito si chiede al pubblico di *"alzare la mano se non mi conoscete"*. Personalmente, presumo che il 90% della sala non lo sappia (e sono sempre umiliato dal 10% che lo sa). *Perché lo faccio?* Perché voglio prendermi quei pochi secondi per valutare la tipologia d'ambiente. Voglio farmi un'idea della percezione che il pubblico ha di ciò di cui sto per parlare. Voglio vedere qual è la loro esperienza e quale conoscenza pregressa hanno su di me o sull'argomento di cui sto per parlare. Il punto è questo: il mondo è grande. C'è un sacco di roba là fuori e non si può dare per scontato ciò che il pubblico sa o non sa. Sia che entriate in scena con la sensazione di essere troppo competenti o che vi sentiate troppo qualificati sull'argomento, attenetevi a ciò che sapete e siate umili al riguardo.


## 3. Comunicare in modo naturale

Un'altra buona ragione per cui non mi piace usare le slide è che non sono un lettore veloce. Leggere rapidamente non mi è mai venuto naturale e non ho nessuna intenzione di iniziare ad esercitarmi. Se nel corso di uno speech dovessi leggere dei bigliettini mi sentirei completamente paralizzato. Ma se vi piace l'idea dei cartoncini o se per voi è naturale avere delle diapositive a cui appoggiarvi, fatelo. Dovete sapere come comunicare al meglio e usarlo a vostro vantaggio. Assicuratevi di condurre la vostra presentazione nel modo più naturale possibile. Se questo significa scorrere le diapositive, o stare in piedi con gli appunti su un leggio, o semplicemente improvvisare sul palco, chi sono io per dire di non farlo? Fate in modo che sia naturale, perché apparirà esatammente così.

P.S. Il motivo principale per cui le persone temono il public speaking è che si preoccupano troppo di ciò che gli altri pensano di loro. Se iniziate a imparare a risolvere questo problema e a sentirvi a vostro agio con voi stessi, diventerete ben presto un abile oratore.

# Conclusione

Miei cari lettori, questo libro è giunto al termine. Grazie per aver intrapreso in mia compagnia questo viaggio all'insegna del miglioramento comunicativo e ampliamento del proprio vocabolario. Mi auguro che gli esercizi, gli aneddoti e i consigli contenuti nei capitoli precedenti possano accendere in te la scintilla del cambiamento, spingendoti sulla strada del progresso e del miglioramento personale. Prima di lasciarci, vorrei condividere con voi un'ultima considerazione riguardo la bellezza del cambiamento. Spesso considerato come un qualcosa da cui stare attenti, qualcosa da evitare, il cambiamento è invece un mezzo imprescindibile per raggiungere maggiore gratificazione nella propria vita. Il cambiamento è bello. Il più delle volte, noi esseri umani siamo così restii al cambiamento da ignorarne completamente la bellezza. Pensiamo che il cambiamento possa essere dannoso e quindi ci asteniamo dal rischiare. Vediamo solo gli aspetti negativi e abbiamo paura di abbracciare il bene che potrebbe derivarne. Dimentichiamo completamente che il cambiamento non è sempre negativo.

Anzi, il cambiamento è il primo passo per portare qualcosa di nuovo e positivo nella nostra vita. Certo, le fasi iniziali sono sicuramente impegnative, ma se in una prima fase queste sfide vengono accettate di grazia, il risultato non potrà che essere meraviglioso. Le nuove colture non crescono se non si eliminano le vecchie. Anche le piogge non arriveranno se il tempo non cambia. Il monte Everest non sarebbe così bello e imponente se non incrementasse la sua altezza di mezzo centimetro ogni anno. *Perché*? Perché il cambiamento è bello.

Inoltre è drasticamente più semplice da accettare quando non ci viene imposto ma scegliamo noi stessi di apportarlo nella nostra vita. Non abbiate paura di cambiare. Potreste perdere qualcosa di buono per guadagnare qualcosa di migliore. La bellezza del cambiamento sta nella sua coerenza. Se lasciamo che il cambiamento ci "cambi", allora il ciclo naturale del miglioramento avverrà senza intoppi. Più resistiamo al cambiamento, più perdiamo la sua dolcezza.

Altro non mi resta che augurarvi un grande in bocca al lupo per il vostro percorso. Spero che questo piccolo libro abbia - almeno in parte - contribuito a darvi la consapevolezza giusta per cambiare in meglio. Se così fosse stato, sarebbe fantastico se lasciaste un feedback sincero su Amazon per consentirmi di crescere e di diffondere il mio messaggio con il maggior numero di persone possibile.


Un caro saluto,

Eraldo Natta